ANA M.ª VIGARA TAUSTE

ASPECTOS DEL ESPAÑOL HABLADO

APORTACIONES AL ESTUDIO DEL ESPAÑOL COLOQUIAL

Colección: «PROBLEMAS BASICOS DEL ESPAÑOL»

SOCIEDAD GENERAL ESPAÑOLA DE LIBRERIA, S. A.
Evaristo San Miguel, 9
MADRID - 8

Impreso en España - Printed in Spain

ISBN 84-7143-199-8

Depósito legal: M. 11961-1980

Selecciones Gráficas. Carretera de Irún, km. 11,500. Madrid (1980)

PROLOGO

Mientras preparaba este trabajo, ejercía también de taxista, en Madrid. Y he seguido hasta hace poco. No es necesario quizá decir que este oficio ha contribuido decisivamente a sensibilizarme en la observación de la lengua coloquial y ha permitido que tomara numerosas notas. Y debo confesar que estas líneas son fruto tanto de mi condición de filóloga como de taxista, a partes casi iguales.

El trabajo ha quedado dividido en tres partes. Una primera, de introducción general, intenta fijar brevemente los límites (obligados) del estudio del español coloquial y clarificar la terminología empleada más normalmente en lo referente a la lengua hablada. La segunda y la tercera tratan temas específicos del lenguaje coloquial. He intentado que estas dos partes contengan abundantes ejemplos, pues difícilmente sin ellos puede cobrar valor la teoría ni ser bien entendidas mis observaciones.

Complementarias a estas dos partes he añadido otras dos de ejercicios, y sus respectivas soluciones, que espero que sean útiles para el posible alumno lector.

En general, he intentado documentar los ejemplos (tanto de la parte teórica como de los ejercicios) en las diferentes obras que he utilizado; de este modo, los recogidos de mi propia experiencia, al oído, son, con mucho, los menos, y seguramente proceden de hablantes de variada condición social.

5

Al final se incluye una bibliografía solamente orientativa, básica, en la que se cumple el tópico «no están todos los que son» (aunque sí son todos los que están).

El miedo a cumplir dos veces este tópico hace que no me atreva a redactar una larga nota de agradecimiento para todas aquellas personas que directa o indirectamente me han ayudado o apoyado en este trabajo, y en general. Todas las que son (y aunque «no estén») deben saber que no puedo ni quiero olvidarme de hacerles constar mi gratitud.

A. M. V. T.

Madrid, enero de 1980

PRIMERA PARTE

1. ALGUNAS CONSIDERACIONES SOBRE EL LENGUAJE

Si tomamos el término «lenguaje» en oposición al de «lengua», según la división tradicional «lengua-habla» que estableció Saussure, tenemos que admitir también, frente al planteamiento abstracto de la lengua como sistema, el concreto del habla (del lenguaje) como conducta verbal.

Como tal conducta habitual en el hombre, el lenguaje está al servicio de su vida y de sus inmediatas satisfacciones más que de su razón o de una aspiración estética. Ejerce una función biológica innegable (la mejor estudiada hoy por hoy) y otra social: la de la comunicación.

La comunicación habitual tiene siempre un fin práctico y concreto, no se trata nunca de consideraciones puramente intelectuales. Y, puesto que la comunicación está orientada a un fin subjetivo, es siempre «afectiva» en mayor o menor medida; es ante todo expresión, proyección del sujeto hablante, síntoma del que habla. La psicología ha llevado esta conclusión a las últimas consecuencias, estimulando a los pacientes a la expresión oral y procediendo luego a su observación y análisis.

El lenguaje es forma (función biológica) que expresa simultáneamente ideas y sentimientos; traduce las excitaciones sensoriales en impresiones y juicios de valor para el receptor (función social). El hablante usa de él para hacer «proposiciones» tanto como para hacer oraciones; esto es, para expresión de sí mismo tanto como de una realidad que no puede percibir con absoluta objetividad. Los tres componentes del lenguaje —expresivo, comunicativo y significativo— se enredan en el intercambio lingüístico.

2. BREVE REVISION TERMINOLOGICA

Ya Emilio Lorenzo [1] ha advertido la inadecuación terminológica que existe en el sintagma «lengua coloquial», por cuanto «lengua» por un lado y «coloquial» por otro connotan: abstracción (sistema) y realización concreta, respectivamente. Pensamos, en efecto, que la fortuna del término acuñado en la traducción —de F. Huarte Morton— del ineludible libro de W. Beinhauer *Spanische Umgangssprache* ha corrido pareja con la de la obra, no desfasada todavía, a pesar del tiempo transcurrido desde su redacción y publicación.

Se impone antes de seguir adelante una rápida revisión de los términos más frecuentemente utilizados en el estudio de la lengua en uso concreto. J. Polo, en su ensayo bibliográfico publicado en la revista *Yelmo* [2], considera las opiniones de distintos autores —W. Beinhauer, J. Casares, M. Pidal, M. Seco, F. Vallverdú, R. Alfaro...— y aporta su propio granito de arena. Por nuestra parte, intentaremos poner orden, desenredar el ovillo, en el material que Polo nos ofrece, teniendo en cuenta también otro que él no pudo considerar por no haber aparecido (B. Steel, por ejemplo) todavía. Pretendemos con esto dejar explícitos los límites que afectan a la materia que estudiamos: la lengua coloquial.

A primera vista podemos distinguir dos usos bien diferenciados de la lengua: el escrito y el oral. Ahora bien, es funda-

---

[1] En *Comunicación y lenguaje.*
[2] En *Yelmo,* núms. 1 al 32.

mentalmente el contexto en que ambos se producen lo que los diferencia; y aún así, el lenguaje utilizado en determinadas circunstancias se aproxima mucho, por su rigidez, al uso escrito. Y a la inversa, hoy por hoy la lengua escrita intenta la mayoría de las veces una aproximación lo más fiel posible a la oral.

La lengua escrita ha venido marcando tradicionalmente la pauta de cultura y de corrección o incorrección, usando conscientemente diversos procedimientos de expresión desde una dimensión imaginaria de elaboración artística, con fines estéticos. La lengua oral, de uso espontáneo generalmente, surge de una dimensión real y actual.

Empleamos «lengua escrita» como término de extensión más general que «lengua literaria» o «lengua de la literatura» (que nos parece mejor). Asimismo utilizamos «lengua oral» en un sentido más amplio que «lengua hablada» (o lenguaje hablado), que se incluiría en la oral.

Esta primera delimitación no nos sirve en realidad de mucho más que como mero establecimiento de dos grandes parcelas en el uso de la lengua. No entraremos en el campo de la lengua escrita, que nos ocuparía mucho tiempo; y tampoco es necesario, dado nuestro propósito.

Aplicaremos genéricamente «lenguaje oral» a toda manifestación lingüística que se dé de este modo y muy especialmente al empleo corriente del idioma, «es decir, en todas las circunstancias donde no domine un afán de crear, innovar o mixtificar u otro deseo particular» [3]. Lengua hablada (=lenguaje hablado) y lengua coloquial (=lenguaje coloquial) son conceptos que se diluyen en el de «lenguaje oral», cabeza de familia (por caracterizarlo con una metáfora popular). Nadie puede negar que una conferencia constituye un uso oral de la lengua; sin embargo, se tratará más bien de una versión «oral» de la lengua escrita. A su vez, su carácter de comunicación oral con-

---

[3] Tomo las palabras de B. Steel, en *Yelmo,* 1976, núm. 27.

dicionará la expresión, que ha de ser oída (y no leída) y, por tanto, inmediatamente interpretada por el receptor o los receptores. Otro ejemplo: con seguridad, estas páginas que llevo escritas se convertirían en algo bien distinto si tuviera que reproducirlas de palabra, y, más aún, si me viera en la necesidad de improvisarlas.

No hacemos con esta distinción más que reproducir la diferencia que hace B. Steel [4] en «lenguaje coloquial familiar» —el de la conversación espontánea e íntima— y «coloquial formal» —de la conversación formal y de la discusión intelectual. Para nosotros «lengua hablada» abarcaría los dos conceptos (aunque no exactamente) de B. Steel en un solo bloque: sería toda manifestación oral hecha con intención de expresión-comunicación. «Lengua coloquial» participaría, pues, de todas las características de la lengua hablada más las propias, que le vienen dadas por su carácter de conversacional. El error de enfoque en que seguimos incurriendo con frecuencia es el de identificar sin más «lengua coloquial» con «lengua popular informal», olvidando que también hay una vertiente coloquial en la lengua «media».

La lengua coloquial sería, tal como la caracteriza W. Beinhauer [5], «la lengua viva conversacional (natural y espontánea)». El coloquio es el más habitual y frecuente medio de comunicación humano. Y, también, por la directa relación entre interlocutores, el que más garantías ofrece (¿quién no tiene una anécdota de una carta mal entendida por su destinatario?). Criado de Val lo caracteriza como «estricta actualización» [6]. Y E. Lorenzo [7] señala dos constantes en el acto coloquial: «la presencia física de una o más personas con cuya atención, iniciativa o reacción oral o no oral cuenta el hablante; y un mar-

---

[4] Citado por Polo en su nota 1.383.
[5] *El español coloquial.* Vid. bibliografía.
[6] En *Yelmo*, 1971, 2: "El interlocutor dentro del coloquio".
[7] En *El español de hoy.*

co espacial y temporal que sirve de referencia a toda la comunicación». Sobre estas dos constantes se proyectan las variables de todo orden que se dan en el acto coloquial, manifestación concreta de la lengua hablada. La definición —provisional— que nos da de «español coloquial» es coherente con estas consideraciones; y, por otra parte, nos parece también el intento de definición y limitación más logrado de todos los que hemos visto:

«El español coloquial es el conjunto de usos lingüísticos registrables entre dos o más hispanohablantes, consciente de la competencia de su interlocutor o interlocutores, en una situación normal de la vida cotidiana, con utilización de los recursos paralingüísticos y extralingüísticos aceptados y entendidos, pero no necesariamente compartidos por la comunidad en que se producen.»

El coloquio está en primer lugar condicionado por los interlocutores (éstos, a su vez, por variables de edad, sexo, jerarquía social, etc.). Pero lo que distingue al coloquio de los demás usos lingüísticos es, precisamente, su estricta actualización: el que habla quiere ser entendido, y entendido al instante; de aquí la necesidad de adaptarse a la lengua que se supone más inteligible para el interlocutor; lo que significan de enigma el interlocutor y el contexto para el hablante, causa frecuentemente en su expresión las irregularidades lógicas y lingüísticas que caracterizan al coloquio real.

J. Polo, cuando nos habla de «estilo coloquial», nos dice que va «acompañado con frecuencia de un estilo o frase 'sencilla'». No estamos de acuerdo. En una conversación con mi marido he documentado esta réplica mía:

«—... y a esas cosas además yo es que soy como muy sensible. ¿Y no le irá mal con jabón el agua ésa a las plantas?»

La frase no sólo no es sencilla, sino que, escrita, resulta chocante para la intelección; ésta, sin embargo, fue inmediata en nuestra conversación. La observación a diario nos dará la razón: si no léxicamente, al menos un 30 por 100 de nuestra conversación está formada por frases complicadas en su sintaxis, según yo misma he podido observar desde el ejercicio en un puesto de servicio público, donde la oportunidad de conversar con la gente (en un grado de tensión mayor o menor) es frecuente.

Afines a «coloquial» se emplean términos como «Familiar, Popular, Vulgar» para caracterizar la lengua hablada. Todos ellos confunden sus límites en el uso real, fuera de la anecdótica distinción teórica.

Casi todos los autores están de acuerdo en que con el nuevo término («coloquial») se ha venido a designar lo que tradicionalmente se llamaba «estilo familiar», espontáneo y despojado de formalidad.

«Popular» se utiliza, según Seco [8], para caracterizar a lo que pertenece a la parte menos cultivada de un grupo social (sinónimo aproximado de «vulgar»). Y supone, siguiendo a M. Pidal [9], la compenetración del elemento culto con el pueblo en general (vida cotidiana). El mismo autor nos advierte que cuando se quiere delimitar físicamente «lenguaje popular», la primera condición aludida es su carácter urbano.

Por «vulgar» se entiende generalmente (saltando por encima de la etimología del término) «lo que se sale de la norma socialmente aceptable» (Polo), o bien la lengua de uso empleada por la masa de los sujetos hablantes, o también el uso característico del bajo pueblo.

Como vemos, los conceptos «popular-vulgar» están tan próximos que casi no se diferencian. Y ambos, junto con «fami-

---

[8] En *Arniches y el habla de Madrid*.

[9] En *La lengua española*, Hispania, 1918, I, págs. 1-14. Citado por J. Polo en nota 681.

liar» y «coloquial», se han confundido frecuentemente. La lengua vulgar es, según Lázaro: «lengua coloquial o conversacional. Se opone a culta». Esto se corresponde con la queja que hace años expresaba Ch. Bally, al considerar vulgar a la lengua hablada, frente a la literaria, considerada culta. Para M. Pidal «vulgar» suponía, sin más complicación, una mayor iniciativa del pueblo inculto. Y B. Steel nos da en su manual la siguiente caracterización de «coloquial»:

«... se siente comúnmente —aunque a menudo peyorativamente—, referido a un uso hablado particularmente informal (con frecuencia «chispeante» o «popular»), en especial aquel uso que difiere de alguna manera del lenguaje formal»[10].

No es fácil, en efecto, delimitar con precisión los campos de los distintos términos. Para facilitar las cosas provisionalmente diremos, siguiendo a Seco[11], que «popular» es un nivel de la lengua; así también «familiar» y «vulgar». Mientras que «coloquial» es un nivel del *habla*.

3. BREVE CARACTERIZACION DEL LENGUAJE COLOQUIAL ESPAÑOL

Ya apuntamos antes que la función primordial del lenguaje es la comunicación alternante y oral entre dos o más interlocutores. El coloquio sitúa al hablante en la necesidad de ser entendido inmediata e irreflexivamente por el oyente, y, por tanto, de usar aquella expresión que resulte al menos adecuada

---

[10] «The term 'colloquial', on the other hand, is commonly felt —albeit often peyoratively— to refer to particular informal (often 'racy' or 'popular') spoken usage, especially that usage which differs in some way from 'formal' language» (pág. 12).

[11] En *El comentario de textos* (2).

o de fácil intelección para él. El hombre suele hablar más por necesidad de exteriorizarse que de comunicar conceptos. Frecuentemente, la conversación es el mejor medio humano para escapar de la temida soledad (calificamos despectivamente de «huraño» a quien rehúye el trato o la conversación con sus semejantes). Poéticamente, encontramos a menudo estrechamente ligados la soledad y el silencio. En último término, la necesidad de comunicar determinados conceptos no obedecería sino a la de exteriorizar algo que forma parte de uno mismo.

Tanto la génesis como este particularísimo contexto de que participa el coloquio, determinan efectos inmediatos y diferenciales en él. Estos «efectos» son los que distinguen específicamente el uso coloquial de los otros usos lingüísticos que no participan de su estricta actualización contextual, directa (hacia el interlocutor) y real.

Trataremos de acercarnos a una posible caracterización del español coloquial —sin intentar ser exhaustivos— tomando como base las dos constantes de que nos hablaba E. Lorenzo y la consideración, que nos parece absolutamente necesaria, de que el hablante obedece sobre todo, en el acto coloquial, al impulso de comunicar su propio yo.

Teniendo en cuenta todo esto podemos afirmar que la expresión del hablante viene determinada por dos frentes: desde la subjetiva personalidad del sujeto, y desde el marco referencial inmediato del interlocutor y del entorno o circunstancia. Del primero de ellos nace la *expresividad* que impregna nuestra conversación cotidiana; al segundo corresponde una colaboración estrecha con el primero en la elección del significante y la estructuración del signo.

La *expresividad* vendría a ser algo así como la manifestación lingüística externa del ánimo del hablante. Se presenta disfrazada, confundida e inevitablemente ligada a todo contenido que se comunica, cualquiera que sea su grado de intelectualidad. El sujeto no es, desde luego, del todo responsable de ella: los

16

procedimientos que utiliza, parcialmente automatizados, escapan a su control, incorporándose al sistema de la lengua. Con el tiempo, la repetición de estos signos expresivos acabará seguramente desgastándolos como tales, obligando al sistema a incorporar otros nuevos. Estos, que seguramente comenzaron siendo meras creaciones individuales, corriendo de boca en boca, pueden ocupar entonces el lugar que se han ganado en el sistema. La feliz acuñación de E. Lorenzo al hablar de lengua «en ebullición» expresa perfectamente esta movilidad necesaria de que hablamos y esa otra propia de todo hecho de vivencia histórica continuada.

La expresividad se manifiesta en todos los hábitos lingüísticos y es la primera y más importante característica del lenguaje coloquial. Determina la elección léxica, las variantes morfológicas y la estructura sintáctica de la frase. Y aún más: a veces también vemos cómo la fonética del hablante que mantiene una actitud crítica hacia su propio lenguaje, modifica las realizaciones según variantes de «tensión», que vienen dadas por las del marco referencial inmediato del entorno y el interlocutor. Así, frecuentemente, el estudiante de barrio madrileño (como soy yo misma), que suele ser de clase baja y participar de muchos de los rasgos llamados «vulgares» del lenguaje, no se inhibe de manifestarlos a diario en su casa (entre su familia y gente de total confianza que los comparte con él) y procura evitarlos disimuladamente en su Facultad. Podría servirnos también como ejemplo aquí el caso que no hace mucho pude observar: la chica con la que hablaba (que iba a un Colegio Mayor de la Ciudad Universitaria, donde vivía) procuró en todo momento ocultar su origen lingüístico (venezolano); sólo después que le pregunté si era de aquellas latitudes, o acaso canaria, lo admitió, e incorporó inmediatamente a su expresión el tonillo singular que caracteriza al español de Venezuela y la *s* hispanoamericana, así como modismos que son tan frecuentes en los hablantes de su país.

Tanto en la elección léxica como en la fonética y en la de variantes morfológicas puede tener el hablante un papel más o menos activo, creador y consciente. Es en la modificación sintáctica expresiva donde podemos decir que el sujeto participa más inconscientemente y con poco o ningún control, pues obedece con ella, más que a los imperativos de su actitud personal, a la necesidad espontánea e inmediata de la comunicación, que es irreflexiva (en sentido estricto) y que anticipa frecuentemente la palabra al desarrollo de la idea.

La expresividad puede ser para el observador una especie de termómetro del hablante. La necesaria relación de éste con el interlocutor en el coloquio condiciona también —como ya dijimos— la expresión. El hablante suele hablar convencido de sí mismo, intenta impresionar al oyente (no decimos que lo haga conscientemente siempre) y de ganarlo para su causa o asunto; procura influir de un modo persuasivo sobre él, imponiéndose como persona que habla a su interlocutor. El lenguaje coloquial nos da numerosas muestras de expresiones que, dirigidas y aún directamente atribuidas por el hablante al interlocutor, no son sino la mera autoafirmación de aquél a éste, o un reproche o cualquier otro abuso lingüístico del hablante, que hace partícipe de él a su interlocutor desde su propio y subjetivo yo comunicador. Por otro lado, las inferencias inesperadas, los asaltos mentales imprevisibles, provocan en nuestro habla creaciones espontáneas y desviaciones de la norma en apariencia caprichosas.

Además de la espontaneidad, subjetividad y afectividad de que venimos hablando, E. Lorenzo caracteriza el lenguaje coloquial español como eminentemente deíctico (referencia a todo nuestro horizonte sensible, visual o no) y egocéntrico (que apela constantemente a la atención del interlocutor); resalta el papel en él de la experiencia común o co-vivencia, de los elementos suprasegmentales y paralingüísticos.

A pesar de que los textos que han intentado imitar la lengua hablada en el coloquio escrito se han venido valiendo casi siempre de la pintura léxica (que cuanto más coloreada más suele apartarse de la realidad —nos dice M. Seco—), la mayoría de los autores están hoy de acuerdo en que lo que interesa realmente para el estudio concreto del coloquio es la sintaxis, y en que los hechos sintácticos son la «entraña del lenguaje coloquial». Se trata de una sintaxis dinámica, de difícil interpretación por los moldes de la gramática tradicional, sólo teórica, de escasa base real.

Podemos resumir diciendo que, normalmente, las alteraciones sintácticas del diálogo se explican en razón de la expresividad, del menor esfuerzo (o, mejor, de la comodidad) y del hilo comunicativo.

Preferimos hablar de comodidad y no de «economía», porque —lo veremos más adelante— el español coloquial «desperdicia» (hasta casi el abuso) palabras, términos que no suman nada al significado sustancial ni aportan gran cosa sino más expresividad, pero que facilitan el hilo comunicativo del hablante y, en ocasiones, anticipan el enunciado al oyente.

Sintaxis

Somos conscientes al emprender la tarea de demarcar una sintaxis de la lengua española coloquial de que no es fácil llegar a delimitar su «corpus» sin contar con la observación continuada y responsable de mucho tiempo. Como esta primera premisa necesaria para el estudio global del lenguaje que nos ocupa no se cumple en este caso, estamos obligados a admitir de antemano que la configuración es incompleta; y, ya lo dijimos, no pretendemos ser exhaustivos. Cualquier buen observador podrá añadir a las nuestras otras observaciones no menos ciertas e importantes. Nos limitaremos a señalar ordenadamente las manifestaciones sintácticas que parecen más evidentes, por groseras (tomado el término no peyorativamente) y por frecuentes, del lenguaje coloquial español, caracterizado, precisamente, por su asistematicidad.

Dislocación sintáctica

Existe una clara y manifiesta tendencia en la lengua hablada a la dislocación sintáctica.

El orden no respetado de los elementos de la oración obedece en ocasiones a los imperativos del hilo discursivo, obligado a abandonar la coherencia gramatical para no romper otra lógica iniciada. Este fenómeno recibe el nombre de *anacoluto:*

⊙—Pues el vestido ese Angelines sí que tenía que estar muy mona con él.

Otras veces la afectividad impulsiva del hablante formará con lógica imprevisible construcciones gramaticales inesperadas. Las dislocaciones más frecuentes suelen ser por razones de afectividad que dan lugar a la *ordenación subjetiva* de los elementos de la oración. El «desorden» confiere relevancia singular a los elementos dislocados. B. Steel, en su *Manual* (pág. 38), cita como enfáticas y características del lenguaje emocional español las siguientes:

a) Objeto Directo+Verbo

⊙—¿Que qué tiene? Eso tiene, capricho.

b) Sujeto+Verbo, en preguntas

⊙—¿Y eso qué tiene de malo?

c) Sujeto u Objeto (menos frecuente) de verbo subordinado precede a verbo principal (sobre todo cuando éste denota opinión)

⊙—Yo por lo menos es lo que te aconsejo.

20

⊙—Yo no sé qué suspensión tendrán los coches de los demás.

—No, la verdad es que este coche no es su gran virtud... la suspensión.

Tendencia centrífuga y tendencia centrípeta

Lo que M. Seco llama «tendencia centrífuga» se traduce en el lenguaje hablado en frecuencia de la yuxtaposición sintáctica, frente a la de la subordinación que se suele emplear en el lenguaje escrito:

«Al mismo impulso a que obedece la oración sincopada se debe la frecuente simplicidad en el encadenamiento de oraciones, donde la falta de elementos de conexión (tan alejada, en su sentido, del asíndeton literario) acentúa el relieve de los enunciados parciales que se suceden. (...) Los elementos de la frase tienden a flotar separados unos de otros, ajenos a una estructura orgánica, liberados de un centro magnético que los engarce en una oración unitaria:

⊙—Te aburres de escribir, te aseguro. (EV)

(...)

Es frecuente que la estructura del mensaje sea ceñido ropaje de los latidos del pensamiento (o del pensamiento-sentimiento), brotando las frases en chorros cortados, desiguales y que rebasan una y otra vez los estrechos cauces sintácticos regulares» [12].

Esta tendencia centrífuga se manifiesta solamente en el enlace de oraciones, que prescinden de nexos gramaticales. Estos son, sin embargo, abundantes y de variada extensión en la unión de los diversos conjuntos significativos con el contexto conversacional que los referencia. Esto es lo que nosotros lla-

---

[12] En *El comentario de textos* (2).

maremos «tendencia centrípeta». Tendencia que obedece a imperativos del hilo comunicativo por un lado y de afectividad por el otro. Nuestro lenguaje coloquial está salpicado de «*pero... y... conque... pues... ah... bueno... ...*». Son éstos los términos que M. Seco llama aisladamente «palabras gramaticales», y nosotros más tarde estudiaremos bajo el genérico epígrafe «Expresiones coloquiales de relleno». Desempeñan, según el contexto en que aparecen, una gran variedad de funciones y matices.

Interferencias

Al hablar desmadejamos los elementos lingüísticos partiendo de una base conceptual. Pero a medida que nuestras palabras, nuestros gestos y entonación cobran forma y comunican nuestros pensamientos o sentimientos, una o varias ideas nuevas, recuerdos, sinestesias o emociones pueden interferir el contenido de nuestra comunicación. Esto provoca, entre otras, las siguientes irregularidades:

— Inserción de un paréntesis asociativo, sin conexión gramatical con lo que se viene diciendo:

⊙—La persona humana va sufriendo un desgaste, como todas las cosas, y le llega un momento en que ya no, que ya no; vamos que no, que ya no puede ser. Y qué ¿qué misterio tiene? Está claro, cuando a un reloj se le para la cuerda, no es el mismo caso, pero sirve; vaya, cuando a un reloj se le acaba la cuerda y se te para, a nadie se le ocurre decir que ese reloj está estropeado, ¿no es así?

— Faltas de concordancia (o mejor: correspondencia) sintáctica entre la expresión gramatical y la lógica:

⊙—Luego, claro, quiso arreglarlo, porque si es que ya lo decía yo, no puede uno quedar siempre encima así.

— «Consecutio temporum» o concordancia de tiempos por anología discursiva:

⊙—No sabía que *tenía* tu niño los ojos tan verdes. Qué preciosos son.

Cortes en lo comunicado

Por distintos motivos, puede aparecer bruscamente interrumpido el hilo comunicativo. Es frecuente encontrar en el lenguaje coloquial:

— Oraciones suspendidas. «Incompletas» desde el punto de vista «formal», la comunicación sigue siendo completa. El hablante omite todo lo ya sugerido por sus restantes palabras, abandona a la imaginación del oyente el remate que él deja flotando. Esta eliminación no se explica por pura economía, sino por el relieve singular que tiene para el hablante una parte del mensaje, la que con más urgencia desea transmitir al oyente, y que le lleva a desdeñar como superfluo todo lo demás [13].

⊙—Y pasó lo que pasó, lo que tenía que pasar. Quien a buen árbol se arrima...

Oraciones sincopadas

El lenguaje coloquial (y el hablado en general) tiende naturalmente a economizar la expresión siempre que la situación no induzca a errores al interlocutor. La diferencia entre la oración suspendida y la sincopada la recogemos de M. Seco. Tienen en común la carencia de ciertos elementos que harían el enunciado sintácticamente «completo». En la oración sincopada el mensaje se reduce a un esquema que deja descarnados sus términos mínimos, organizados según una sintaxis radicalmente estilizada. En realidad, la supresión inconsciente responde a un

---

[13] En *El comentario de textos* (2).

23

impulso de impaciencia y de economía aparejadas por parte del comunicante:

> ⊙—Que poesías que no sabe, que si un cuento o nada y que se caga en el correo que va y viene.

Añadiduras enfáticas

La afectividad que domina el habla cotidiana intenta dar relevancia a aquello que interesa más al hablante comunicar a su interlocutor. Son muchos y muy variados los procedimientos que el español coloquial emplea. En su mayoría, las añadiduras enfáticas responden a la necesidad autoafirmativa del hablante, que se siente obligado a reforzar su opinión, su exposición o su actitud, para llevar a su terreno al interlocutor o, sencillamente, impedir que pierda atención. En este sentido, *la interrogación retórica* es inseparable del coloquio, del mismo modo que *las llamadas verbales de atención;* ambas las veremos en la segunda parte. Ejemplificaremos con un párrafo de Zamora Vicente:

> ⊙—Y es que menuda vocación tengo yo para enseñar. Un impulso que ya ya. Bueno, un bólido, un cohete, una exhalación. ¿Eh, qué tal? Se me comprende ¿no? Por otra parte, tenga en cuenta mi enorme prestigio, a ver, hombre, a ver. Fíjese, le estaba diciendo que en esta camilla, ¿la ve?, sí, hombre, sí, la de la calle de los Estudios... *(Método, método,* pág. 65).
>
> (ATB)

A un mismo impulso de énfasis responde la *enumeración* (los conceptos se acumulan en la mente del hablante), *el pleonasmo* (redundancia) y la intensificación en general.

Podemos generalizar diciendo que no existe «voluntad de estilo» en el hablante al emplear ninguno de los procedimientos expresivos descritos hasta ahora. Forman parte de su caudal inconsciente y del fluir espontáneo de su habla.

Tanto la afectividad como el marco referencial inmediato provocan otra serie de fenómenos en el lenguaje coloquial que serían más bien de acuñación morfológica, léxica o semántica; algunos más caprichosos responderían precisamente a esa «voluntad de estilo» que los sujetos hablantes suelen presentar ante su medio de expresión y comunicación, por cuanto éste significa para ellos.

Morfología

En el aspecto morfológico está bien estudiado el uso afectivo y expresivo de *la sufijación*. E. Náñez hace una detallada exposición (analógica) de los sufijos que hay en uso, fijándose sobre todo en las manifestaciones de las revistas de humor:

«Ciertamente, la expresividad o el subrayado nocional por medio de sufijos constituye una de las maneras más externas de obrar sobre la lengua, y precisamente por esto es muy reconocible, de fácil captación y, por tanto, muy directa y de notable propagación. Generalmente, el hablante no tiene que hacer otra cosa sino trasladar los elementos sufijos —o que él toma como tales— del campo de que parte a los campos próximos, por simple analogía, a manera de propagación o contaminación de lo nocional, del matiz burlesco, humorístico, irónico, lúdico, etc., de la terminación, como refuerzo o contraste del elemento a que se adiciona, dando lugar a una distorsión —dislocación— de la lengua, que alcanza, gracias a este recurso, un nivel expresivo de distinta o similar valoración axiológica, positiva o negativa, según el juego de la frase en que se halla incursa, así como de los elementos lingüísticos de la misma.»

Algunos estudios específicos del diminutivo forman parte ya del caudal clásico que debe consultar todo estudioso de estas cuestiones, en las cuales no nos detendremos nosotros más por ahora. Diminutivos y aumentativos —no hace falta insistir aquí sobre ello— saltan con frecuencia los límites de la mera descripción cuantitativa para entrar de lleno en la expresividad (hasta el desgaste, en algunos casos).

Se dan también con mucha frecuencia en la lengua hablada *cambios o interferencias en los géneros* y *falta de concordancia numérica*. Ambos fenómenos fluyen espontáneamente en la conversación diaria.

Con las abreviaciones, cada vez más frecuentes, aumenta el número de sustantivos femeninos en *-o*; y los cada vez más abundantes nombres acabados en consonante o con terminaciones inusuales en el castellano, se resuelven casi sin regla en uno u otro género. El hablante medio, que siente generalmente como femenina la terminación *-a* y como masculina la terminación *-o* («mano» es el único sustantivo históricamente conservado como femenino en *-o*), se guía y resuelve en estos y otros casos imprejuiciadamente por su instinto lingüístico y no por criterios de corrección.

La falta de concordancia numérica responde seguramente a lo que E. Lorenzo[14] llama «inflación del plural», aunque no trata la categoría de número en este sentido que nosotros lo hacemos. Lo que puede resaltarse en definitiva es que el hablante no siente como estrictamente necesaria, para la comprensión del enunciado, la concordancia numérica «correcta». Este es uno de los fenómenos que, previsiblemente, puede tener mayores consecuencias en el futuro de nuestra lengua.

Léxico, Semántica y Estilística

En «Estilística» queremos englobar una serie de figuras que se dan con relativa frecuencia en nuestro lenguaje coloquial, pero que nacen siempre de una aspiración consciente del ha-

---

[14] En *El español de hoy.*

blante, de su voluntad de expresividad, con una finalidad determinada. Para conseguirla, el sujeto se vale sobre todo del manejo variado del léxico y de la deformación significadora del concepto.

El estudio del cuerpo léxico de la lengua hablada aisladamente (modismos, piropos, juramentos, insultos, fórmulas de cortesía, etc.), con no haber agotado ni mucho menos todavía sus posibilidades, no es lo que más nos interesa para esta rápida configuración que intentamos del lenguaje coloquial.

Son frecuentes las *atribuciones al interlocutor* por parte del que habla. Con ellas hace éste cómplice directo en lo comunicado a aquél y consigue la solidaridad (ficticia) de ambos en lo dicho. Algunas de las expresiones más frecuentes de este tipo las veremos en el apartado «Expresiones de relleno». Ejemplificaremos ahora con un pequeño párrafo de *Cinco horas con Mario* (Miguel Delibes):

«'Las santas feas no tienen ningún mérito y, por tanto, no son tales santas', solía decir mamá con mucha gracia, y es cierto, Mario, *tú dirás,* que a mamá a ingeniosa no la ganaba nadie, yo recuerdo de chica, las visitas con la boca abierta, siempre ella la voz cantante, que a mí me recuerda a Valen, que se tiran un aire, fíjate, aunque mamá, *si quieres,* un poco más llenita, que eran otros tiempos» (pág. 99).

El primero de los subrayados («tú dirás») nos sugiere algo así como: «y no creo que esto admita réplica», de Carmen, la hablante, a Mario, su interlocutor (que en realidad está muerto). El segundo no es más que un mero reflejo de la momentánea objeción que se le ocurre a la mujer y que, previsiblemente, podría ocurrírsele también a cualquiera que fuera el interlocutor: ella se la atribuye gramaticalmente y casi como si quisiera evitarla, a su marido.

La ironía, la metáfora y la comparación popular, que han sido ya objeto de estudio aisladamente y también nosotros trataremos sucintamente en otro apartado, no pretenden sino dar relieve al enunciado por medio del juego de palabras. El hablante suele elegir de antemano con el fin de dar la más adecuada o la más expresiva. Son generalmente tópicas y su elección suele ir precedida de una reflexión previa.

Mediante la *indefinición del sujeto* el hablante pretende dar un cierto valor de carácter más general a lo que dice. Esta especie de «impersonalismo» es sentido como un medio corriente en el lenguaje coloquial, que lo emplea con pocos reparos en las más diversas circunstancias. Las más de las veces el hablante, en un rasgo de humildad o generosidad, procura encubrir su «yo» bajo las formas del «tú», del indefinido «uno» (que se usa también en femenino) o, menos frecuentemente, de la primera persona del plural (nosotros):

⊙—Sí, eso pasa, ya te digo, y cuando te has enterado ya no tiene remedio.

⊙—La verdad es que uno ama la vida demasiado y no le suele dar por hacer esas cosas.

⊙—El taxista le pregunta a su único cliente en ese momento:
—¿Nos dice dónde vamos, por favor?

La atenuación: a veces, por cortesía, miedo, humildad o cualquier otro motivo, el hablante atenúa el efecto de sus palabras, bien utilizando términos de significación menos tajante que la de los que correspondería, o bien negando lo contrario de lo que quiere afirmar. Es típico (y bien conocido) comunicar la agonía o muerte de alguien a un familiar cercano diciéndole aproximadamente: «está enfermo» o «no se encuentra bien», eludiendo la cruda verdad verbal; el familiar avisado suele presentirla por instinto o experiencia, no por deducción ceñida a las palabras del otro.

Podríamos incluir aquí fenómenos tales como los de afirmación y negación afectivas, hipérboles (reductivas y de aumento), eufemismos, empleo preferente de las expresiones con verbos de movimiento... y otros que no mencionamos y que el observador inteligente no dejará de percibir. Nosotros nos hemos limitado —y ya lo advertimos— a lo más grosero: un puñado de fenómenos que por su evidencia y frecuencia nos dan un perfil sólo iniciado y aproximado del lenguaje coloquial español. Hemos utilizado términos que no son siempre los que con exactitud se corresponden al fenómeno descrito, pero que dejamos así y aquí por si es más fácil con ellos configurar en pocas palabras-referencia un breve cuadro característico del lenguaje coloquial español y por si, nunca se sabe, pueden ser útiles más allá del estricto contexto en que aparecen.

4. LIMITACIONES AL ESTUDIO DEL ESPAÑOL COLOQUIAL

Ya hemos podido ver que no es fácil la sistematización en una materia tan escurridiza como la que nos ocupa, con tantos vacíos todavía en su estudio.

Es tópico del estudioso de estos temas y del de la dialectología (parcela lingüística tan afín a la que tratamos) decir que las gramáticas se ocupan sobre todo de la lengua escrita, que procura ser reflejo correcto de la norma. Y, en efecto, hasta hoy ha sido casi siempre así, y a partir de hoy seguramente lo será cada vez menos. Y no sólo las gramáticas y los gramáticos, sino también los lingüistas se han olvidado en general del vehículo más frecuente de comunicación humana: el lenguaje coloquial.

Todo esto está, sin embargo, a pesar de nuestra queja, justificado por la dificultad de observación que entraña.

El coloquio se nos presenta como algo habitual y absolutamente natural de nuestra vida en sociedad. Las circunstancias en que se da no son propicias para su observación, y la base de «naturalidad» y espontaneidad de que nace dificulta sin duda la reflexión. El hablante medio es fundamentalmente instintivo y, por ello, miope para la observación de su lengua. Y al lingüista, por estar sumergido en ella, le es sin duda mucho más sencillo cotejar y compulsar la norma que desentrañar la enmaraña de su inconsciente lenguaje conversacional. Del mismo modo, nunca prestamos atención a nuestras funciones vitales, naturales en nosotros y absolutamente irreflexivas por nuestra parte, si no es por disfunción o alteración que nos las hagan conscientes.

El estudioso está obligado a cazar al vuelo las cualidades del lenguaje coloquial, y para hacerlo debe situarse en una posición excepcional, de mero espectador, que le permita alcanzar la conciencia de ese hecho físico y social, función vital: su medio de comunicación habitual, el lenguaje. Aun haciéndolo así, caso de que fuera posible, si prescindimos de la grabación magnetofónica, no existen tampoco muchos medios para «guardar» el coloquio con vistas a un detenido estudio por parte del lingüista. Y también la grabación presenta problemas de difícil solución: por un lado, si se conoce su existencia, es difícil (por no decir imposible) que los interlocutores se presten sin prejuicios al coloquio; por otro, si para evitar que los hablantes se sientan condicionados se quiere mantener oculta la grabación, será difícil conseguir que ésta sea buena; y, en último término, aunque ésta sea perfectamente clara e inteligible, faltarán en la muestra muchos de los condicionantes y estados propios del coloquio que sólo en su estricta actualización y momentaneidad aparecen y se entienden, contribuyendo con su presencia a su vez a la completa comprensión de lo comunicado [15].

---

[15] M. Criado de Val ha publicado «transcripciones coloquiales» en la revista *Yelmo,* siguiendo el método que propone en su *Gramática,* que tienen en cuenta todas estas cuestiones. El examen del material nos ratifica en nuestra opinión: el desglose del coloquio resta por un lado autenticidad y por otro interés. El intento es, sin embargo, interesante,

También los textos de pretensiones coloquiales tienen limitaciones fundamentales: la primera, y más importante, es que nunca participan del entorno real del coloquio; además, son siempre «elaboraciones» literarias de la lengua hablada, creación y recreación si se quiere, pero que responden a una actitud singular y previa del escritor; prescinden, pues, también de la momentaneidad del coloquio, por necesidad del medio en que lo manifiestan; y eliminan la posibilidad de expresión a todo lo que no se articule con sonidos diferenciados e interpretables.

Otros medios de comunicación oral no son más idóneos ni más ventajosos para nuestro propósito. «Lo que realmente nos dan estos medios (cine, televisión, radio) no es *lengua hablada,* sino versión oral de la lengua escrita: lectura o recitación aprendida de memoria, de textos escritos» (Seco). Ciertas improvisaciones parecen la excepción; y lo «parecen» porque no podemos tener garantía de ellas y es difícil suponerlas totalmente tales.

Esta dificultad de documentación (oral, y escrita por sus condicionamientos) es la primera limitación que sufre nuestro trabajo. Nosotros ejemplificaremos casi siempre con obras de autores bien conocidos en esta parcela; algunas veces —las menos— propondremos nuestra observación personal como exponente de que somos testigos en alguna manera concienciados de nuestra lengua hablada.

Cuando titulamos «español coloquial» nos referimos en realidad a algo muy restringido, más quizá de lo que sería conveniente. Pero nos vemos obligados a la restricción, pues de otro modo la materia sería poco menos que inabarcable. Así, nuestras pequeñas aportaciones hablarán del español coloquial de la gran ciudad; más concretamente, de la capital, Madrid,

---

y, metodológicamente, el mejor que conocemos por el momento, a pesar de sus muchas dificultades.

que es nuestro punto de referencia y donde está nuestra tribuna de observación diaria.

La Sociolingüística ha venido ocupándose de la lengua hablada: nosotros contraemos ahora con ella una gran deuda eliminando de nuestras consideraciones factores diferenciales de sexo, clase social, orden generacional, nivel de instrucción, etc. Y otra deuda con la Dialectología al no considerar tampoco factores de tipo geográfico, entre otros. Pero nuestra postura está en cierto modo justificada si tenemos en cuenta que Madrid, con sus casi cuatro millones de habitantes de la más diversa procedencia, es un crisol de la lengua nacional; en la capital nacen, se funden o se consolidan modos y modas y desde ella se extienden a todo el país; hasta Madrid llegan también otras que acaso permanecen y desde allí recomienzan el ciclo de expansión, hasta hacerse patrimonio nacional. Con esto relacionamos, en cierto modo, «coloquial» con «popular», dando un carácter eminentemente urbano al primero. Es quizá la capital, mejor que ningún otro grupo social, la que más nos aproxima a la configuración de «hombre medio», que no necesariamente coincide con el de la llamada «clase media» [16].

La urbe reúne gente de dispar procedencia. En ella se integran estas gentes, conviven, desarrollan una serie de actividades (consecuencia directa de la división del trabajo) que necesariamente los mantiene en estrecho contacto. Esto da lugar a una serie de fenómenos y trances lingüísticos en principio sospechables, pero de dimensión y desenlace imprevisibles. En la ciudad se da, por esta función eminentemente social del lenguaje, de un modo más amplio, lo mismo que en el coloquio: la necesidad de aproximarse al uso lingüístico del otro para la mejor comprensión de lo comunicado. «La ciudad resulta ser un elemento integrador de enorme fuerza lingüística, coaccionando a los diversos grupos y a los diversos estratos, obligán-

---

[16] Tomamos estas notas relacionadas con el habla urbana principalmente de M. Alvar, en *Lecturas de sociolingüística*.

doles a utilizar un sistema, cuya intelección se muestra por encima de cualquier fraccionamiento desintegrador.» El habla coloquial de Madrid, por todo esto, es hoy menos propia de la capital que de la ciudad como ente abstracto integrador.

La permanencia en la capital confiere a los hablantes un espíritu lingüístico no siempre coincidente. Los madrileños tienen fama de pecar contra el idioma. No creemos que los madrileños pequen más que los murcianos, pongamos por caso; pero sí que se benefician de la ventaja de expansión, que acontece con preferencia desde la capital al resto de las provincias. El tan criticado «o sea», que ya en los años sesenta señalaba Zamora Vicente echando raíces en Madrid, puede escucharse hoy como tic lingüístico en hablantes españoles de cualquier procedencia; a veces, incluso reforzado en un largo «o sea, bueno, vamos a ver...».

Se hace necesario quizá advertir que no es nuestro propósito, aunque con tanta justificación ha podido parecerlo, estudiar específicamente el habla de la gran ciudad, sino dejar constancia de que ella ha sido nuestra tribuna de observación.

Aunque nos hemos visto poco menos que en la necesidad de prescindir metodológicamente de ciertas consideraciones, queremos insistir en la importancia que éstas pueden llegar a tener para un conocimiento más profundo de nuestra lengua, coloquial o no. No podemos ignorar, aunque lo eludamos, que, generalmente, la pobreza de palabras conjuntivas es mayor en las gentes de escasa instrucción (y en los niños); que la mujer, inmersa todavía hoy (aunque la evolución social va hacia la igualación diafásica) en una comunidad de carácter más cerrado que el hombre y por su condición de ser diferenciado, no participa o lo hace en pequeña medida de algunos de los rasgos, que son propios del sexo contrario, manteniendo a su vez otros característicos del suyo; que el lenguaje bajo tiende a rebajar o degradar la expresión; que lo que es poco menos que un insulto o una mala palabra para una determinada generación no lo es tanto en la de sus hijos y acaso es perfectamente aceptado por la de sus nietos: así, por ejemplo, esa muletilla de asentimiento tan frecuente, «vale», o el tuteo, que causó no poco escándalo cuando comenzó a crecer casi indiscriminadamente y hoy es aceptado por la generalidad: tuteo de entrevistadores y entrevistados en televisión, de profesores y alumnos, del abogado que se ocupa de los pleitos laborales al obrero, de absolutos desconocidos, y tuteo incluso en casos en que se sentiría más apropiado, por motivos varios, el «usted» (que se suele emplear con voluntad distanciadora); de tal modo se ha extendido el tratamiento que hoy es más síntoma de distancia generacional que de respeto o jerarquía social (aunque todavía conserva este carácter de clase, de autoridad).

SEGUNDA PARTE

NOTA PRELIMINAR

Las citas de textos que aparecen a partir de aquí han sido tomadas de:

CANDEL, Francisco:

— *Donde la ciudad cambia su nombre.* Citado como (Ciudad).

CELA, Camilo José:

— *La colmena* (L.C.).
— *Café de artistas* (Café).
— *La familia de Pascual Duarte* (PD).

DELIBES, Miguel:

— *Cinco horas con Mario* (5HCM).
— *Las guerras de nuestros antepasados* (LG).

MARTÍN GAITE, Carmen:

— *Entre visillos* (EV).

SÁNCHEZ FERLOSIO, Rafael:

— *El Jarama* (Jarama).

ZAMORA VICENTE, Alonso:

— *A traque barraque* (ATB).
— *El mundo puede ser nuestro.* Citado como (Mundo).

Las referencias en el paréntesis irán seguidas del número de página: (Mundo, 36).

Cada uno de los ejemplos que se citan se precederá del siguiente signo: ⊙.

Por motivos de comodidad en la composición tipográfica se omiten las comillas con que se suelen acotar los ejemplos (« »), así como las puntuaciones que pueda haber en el párrafo en que están insertos los textos extraídos; es decir, todo ejemplo será comenzado con mayúscula, aun cuando en su contexto original siga a una simple coma, y terminado con punto (salvo que las circunstancias requieran excepción), añadiendo después la referencia entre paréntesis, como antes se indicaba. Aquel ejemplo que aparezca sin referencia estará generalmente documentado al oído.

Las fichas completas de los libros utilizados pueden encontrarse en la bibliografía.

Para el estudio del español coloquial sobre textos conviene que éstos sean lo más recientes posible. Algunos de los utilizados por mí adolecen quizá de una cierta falta de actualidad. La primera edición de *La colmena,* por ejemplo, es de 1950 (yo manejo una de 1971): la distancia con la actualidad es de 28 años. Los textos más recientes son los de A. Zamora Vicente y, por fecha de aparición (no así, según su autor, la histórica), el libro de M. Delibes *Las guerras de nuestros antepasados.* Y casi podríamos decir que también los más útiles, sobre todo en el apartado dedicado a expresiones de relleno (pese al carácter rural del personaje de Delibes, Pacífico Pérez), aun cuando buena parte del material ha quedado archivado (los cuentos de Zamora son sumamente ricos en estas expresiones-«paja» que la literatura suele ignorar). El criterio seguido en la elección de los demás libros (aunque debemos quizá exceptuar *La familia de Pascual Duarte*) ha sido el de procurar documentar textos que, al menos aparentemente, se muestran más preocupados o interesados por el lenguaje que emplean sus personajes (y el mismo narrador, claro) que por la trama o argumento.

EXPRESIONES DE RELLENO

Bajo este genérico y poco comprometedor epígrafe vamos a intentar abordar uno de los capítulos paradójicamente más comprometido, por dificultoso, del estudio del español coloquial. El título responde simplemente a la necesidad de englobar muchos y muy variados recursos conversacionales, que procuraremos ver con cierto detenimiento, bajo un solo concepto.

Ya E. Lorenzo[1] caracterizaba el español coloquial, entre otras cosas, como «eminentemente egocéntrico», y destacaba el hecho, no casual, de que algunos de los textos mejor logrados en esta variedad fueran precisamente monologados, con apelaciones constantes a la atención del interlocutor. De una reseña de J. Polo[2] recogemos lo siguiente: «La expresividad femenina trata, esencialmente, de atraer al copartícipe capaz de comprenderla; frente a la expresión típicamente varonil —que pretende acertar—, la mujer teme no ser aceptada; sus expresiones tratan de combatir este temor.» Esto parece contradecirse en cierto modo con el ya tópico prejuicio que considera a la mujer habladora, charlatana, parlanchina, chismosa... (Seguramente este prejuicio lo ha inventado un hombre.) O quizá es que en realidad la considera habladora, etc., sólo con mujeres; es decir, que considera radicalmente distinta la actitud de la mu-

---

[1] En *Comunicación y lenguaje.*
[2] En nota A-94: RAMÍREZ WIELLA ESPINOSA, M.ª Guadalupe: *Psicología de la expresión femenina,* Tesis de la UNAM, Méjico, 1955.

39

jer cuando habla con una persona que no es de su mismo sexo: esto mismo parece insinuar la cita que recogemos de J. Polo. Lo cierto es que no disponemos de datos para confirmar o discutir tal aseveración; si bien podemos admitir, casi sin reservas, que, en efecto, quizá por la condición histórico-social arrastrada por la mujer, ésta es más cauta al hablar que el hombre y suele estar menos segura de no equivocarse. Ahora bien, esto, que reflejaría una actitud más o menos propia de la condición femenina respecto de la masculina, no se cumple exactamente en el empleo de las expresiones de relleno, pues ambos sexos participan en este caso de lo que podríamos llamar un desmedido afán por dejar bien sentado, y casi en primer lugar, su ego, frente al del interlocutor, cuyo papel no suele sobrepasar para el hablante los límites de una cierta pasividad ante la inapelabilidad de los hechos que él le presenta. Y esto forma parte de la psicología humana: masculina y femenina.

Son, sin embargo, ineludibles las variantes de «tensión» en el coloquio. Y hay que decir que son mucho más habituales las expresiones de relleno en conversaciones de confianza, donde todo aquello que se comunique puede ser insuficiente; y son más abundantes también en gente poco instruida, quizá porque por su condicionamiento no está capacitada para eludirlas y sustituirlas, aun cuando lo deseara; o también porque le es más sencillo escudar en ellas —cómodos recursos— su falta de instrucción.

El habla de relleno viene a ser, en realidad, uno de los más importantes chismes del hablante sobre sí mismo; un chisme típico, repetido, que reproduce procedimientos expresivos bien conocidos y que dan de sí tanto como el contexto en que aparecen les permite. Un estudio estilístico en este sentido, sobre una determinada obra literaria, podría darnos la medida de lo que decimos y aun abrirnos horizontes que no entrevemos; y esto a pesar de que la literatura suele olvidarse de toda esta «paja» que ahora nos ocupa.

La mayoría de las expresiones que trataremos obedecen a impulsos autorreafirmativos del hablante, que intenta así imponer su propio yo e infundir sus razones (aunque no sean tales) al interlocutor. Constituyen una especie de libertinaje lingüístico por parte del hablante, que llega muchas veces a la «violación» (mediante injustificadas atribuciones por su parte) del interlocutor. Este es quizá el método más sutil e indirecto de golpear la conciencia del «tú»: comprometerle en la propia afirmación, a veces incluso en la que habla de uno mismo, sumergiéndole en ella como sujeto en un plural sociativo o, más simplemente, haciéndole protagonista gramatical absoluto. Algunas veces se tratará de simples llamadas verbales de atención, estimulantes conversacionales que requieren una respuesta más o menos directa del interlocutor, oral o no (en forma de manifiesto interés o asentimiento generalizado mediante gestos, normalmente). En el lenguaje coloquial, mejor que en ninguna otra circunstancia, se cumple aquello de que «quien calla, otorga»; así lo siente el hablante que pregunta, sin esperar respuesta, «¿no te parece?», y que, al no obtenerla, resuelve el silencio de su interlocutor como acuerdo favorable a sus razonamientos, tal como él preveía.

Nuestro lenguaje coloquial está lleno de fórmulas que cumplen la finalidad de llenar los vacíos que surgen en el hilo discursivo por titubeo del hablante, simple necesidad espontánea de ganar tiempo, o porque la premiosidad de la circunstancia requiere contar hasta diez antes de hablar, etc. Estas son las expresiones que han venido considerándose tradicional y generalmente «de relleno»; y las que más propiamente lo son, puesto que constituyen meras apoyaturas léxicas en la conversación, marcas gramaticales que no cumplen más función que la de enlazar lo que se dice con lo que se viene diciendo, aun cuando a veces no esté ni siquiera lógicamente relacionado.

Nuestras expresiones de relleno cumplen, en general, un cometido escurridizo, por cuanto todo lo que hemos dicho no las explica, y, sobre todo, porque su significado es más fruto del contexto en que aparecen que algo intrínseco. La clasificación que establecemos no pretende en modo alguno «sentar cátedra» (que se dice). Ni siquiera con ella podremos evitar que el alcance de muchas expresiones se nos escape como agua entre los dedos:

1. Expresiones de relleno cuya finalidad es esencialmente autorreafirmativa (del hablante).
2. Estimulantes conversacionales: Imperativos sensoriales. Imperativos intelectuales. La interrogación retórica.
3. Soportes conversacionales. Enlaces coloquiales.
4. Rellenos empleados para completar no explícitamente el sentido de un enunciado o de una enumeración.

En nuestro estudio, simple aproximación, como puede apreciarse por el índice, no trataremos las fórmulas de cortesía (al parecer en trance de desaparición) ni las interjecciones propiamente dichas (o clásicas), aunque eso, interjecciones, respuestas reflejas y no otra cosa, vienen a ser algunas de las expresiones que sí estudiamos.

En general, son apoyaturas coloquiales que no mantienen su significado original, estereotipias básicas, fruto de la actitud del hablante, que acuden a su boca inesperadamente, sin que él ni su interlocutor lleguen a percatarse conscientemente de ello, consiguiendo con su presencia cubrir un hueco mental o que surge en el hilo discursivo.

Sin embargo, aunque todas vienen a ser fórmulas estereotipadas o que responden a construcciones tópicas, no puede hablarse de fosilización, puesto que el significado puede variar según la circunstancia concreta en que aparezcan. Su uso constante ha provocado la deslexicalización, y, a su vez, al constituir formas consagradas, pueden aparecer en contextos diferentes y con atribuciones distintas. Como es lógico, no aparecerá en ellas el cultismo, de difícil arraigo popular; sí verán, sin embargo, muchas veces su vida condicionada a la moda, capricho general que se acoge con sumo énfasis y se suele abandonar con total indiferencia.

Curiosamente, los recursos de este tipo parecen violar ese bien conocido principio del menor esfuerzo y de la economía de la lengua, según el cual se tiende espontáneamente a abreviar la expresión en busca de una mayor comodidad en el uso. Y es que ocurre en este caso que lo que el hablante pierde en economía lo gana en expresividad, valor alusivo y comodidad. Expresividad de sí mismo; comodidad al dejar el hablante en manos del interlocutor tanto que no le ha sido necesario decir, conceptos a veces tan sólo aludidos con un «pues» o un «conque», pero bien sobreentendidos por el contrario, al dar la medida de su interlocutor (su actitud, su intención) y de lo que comunica; y expresividad y comodidad, en definitiva, al ejercer el hablante con ellos su derecho de expresión como le plazca, por más que haga uso de estructuras tópicas o estereotipadas.

Responden acaso también estas expresiones de relleno, en gran medida, a lo que la Psicología llama «horror vacui»; es decir, del mismo modo que algunas personas llenan cada rincón de su casa sin dejar espacio materialmente libre, las personas en general tememos el silencio (ya hablamos de que se relaciona frecuentemente con la soledad) y llenamos nuestra conversación de frases hechas si es necesario, que se aproximan más a nuestro propio ser que el mensaje que emitimos, para el que en ocasiones son casi indiferentes.

Es curioso también observar cómo se da a menudo el contagio de los contextos expresivos, y cómo muchas veces a una fórmula tópica sigue otra y otra de inmediato o cerca, rellenando el mensaje con palabras que no añaden nada al contenido, sino más expresividad.

Desde hace tiempo se viene considerando la necesidad de tener en cuenta el estudio de tantos recursos coloquiales y de conseguir una terminología que se corresponda con los diferentes conceptos. Y si hoy nos lamentamos de lo mismo que otros autores es para añadir que esta terminología habría poco menos que inventarla, pues el inventario existente no responde a la riqueza expresiva manifiesta en la parcela coloquial.

W. Beinhauer, en un artículo publicado en *Español Actual* (número 6), nos define términos como «expresiones retardatarias», «comodines», «muletillas» y «expletivos». Pero los conceptos están tan restringidos que de bien poco nos sirven, y tampoco acaban de convencernos.

Los conceptos de «fórmulas retardatarias» y de «expletivos» —a los que emparenta con «muletillas» (ciertas expresiones predilectas de algunos individuos)— están demasiado cerca. Considera que la función de los expletivos «se reduce a llenar vacíos o lagunas que amenazan la fluidez de la enumeración, de suerte que ésta, al menos acústicamente, se mantiene sin solución de continuidad. Así, por ejemplo, "pues ¿qué quiere que le diga?", la mayoría de las veces no hace sino expresar cierta vacilación, precursora de lo que el hablante va a enunciar a continuación». Más adelante los caracteriza como «puentecillo»; y analizando el ejemplo de fórmula retardataria «una corbata *de esas* de nudo hecho» (en lugar de «necesito una corbata de nudo hecho»), dice: «ligera ampliación retardataria que facilita la comprensión del vendedor, a par que al propio cliente le da tiempo de formular adecuadamente su demanda». Bien cierto es que advierte que un estudio de este tipo debe enfocarse con un criterio, en vez de lógico, *psicológico,* añade: «Encajan aquí (al menos psicológicamente hablando) otras clausulillas, más cargadas de sentido, pero cumpliendo al mismo tiempo el ya señalado cometido de retardar la enunciación que introducen»; y cita entre ellas «le voy a decir una cosa», «le advierto a usted que», fórmulas a las que no encontramos diferencia alguna con «pues ¿qué quiere que le diga?», al menos en el sentido que parece señalar W. Beinhauer. Queda, sin embargo, bien claro el concepto de «comodín», del que nosotros no nos ocuparemos aquí.

En el mismo número de la revista aparece otro artículo de F. Ynduráin, donde propone un «ligero índice de expresiones típicamente coloquiales»: muletillas (bordoncillos o apoyaturas léxicas), timitos, «wellerismos», palabras-ómnibus, sibboléth. Las palabras-ómnibus se corresponderían con los «comodines» de Beinhauer; y con «muletillas» parece referirse a términos únicos y no a expresiones más largas. El mismo Ynduráin es consciente de que «probablemente habremos de preparar una cuidadosa nomenclatura para la recogida de los fenómenos, y tanto más se hace necesaria la terminología cuanto menos precedentes hay». Nosotros, desde nuestra modesta circunstancia, tenemos que dejar nuevamente el relevo de esta tarea a otros más capacitados para ella.

En efecto: la mayoría de los conceptos vistos aquí se diluyen en las funciones de nuestras expresiones de relleno. Si no restringimos «muletilla» a la preferencia individual, como dice W. Beinhauer, «muletilla» puede ser cualquiera de nuestras fórmulas estereotipadas del grupo primero; «comodines» serían propiamente las tratadas en el grupo cuarto; expletivos y fórmulas retardatarias muchas de los tres primeros grupos; etcétera.

1. EXPRESIONES DE RELLENO CUYA FINALIDAD ES ESENCIALMENTE AUTORREAFIRMATIVA (DEL HABLANTE)

De este carácter participan en realidad la mayoría de las expresiones de relleno, pues es el que en general predomina en el espíritu del hablante, según explicábamos.

La necesidad de hacer valer, imponer, el propio yo subjetivo, llena nuestro discurso de expresiones que cumplen este fin, o lo intentan, y que son innecesarias a la objetividad del mensaje. Porque se puede prescindir de ellas sin deterioro en la comunicación objetiva, frecuentemente la literatura elimina de sus líneas estas expresiones, que son tan abundantes en nuestro hablar cotidiano. Y cuando las recoge suele hacerlo con voluntad caracterizadora (para con un determinado personaje), limitándose a sólo pocas o muy pocas que repite a menudo. Por esto, se hace difícil la documentación sobre textos escritos; y ya hablamos también de las muchas dificultades sobre las manifestaciones orales.

Aun en los textos que encontramos una indudable intención de reproducir el lenguaje hablado, y que lo consiguen con mayor o menor éxito, existe una clara (inevitable) limitación lingüística que viene dada por la situación: un texto reproduce siempre una circunstancia determinada, a menudo destacada de las demás que componen el relato, sin ligar en una continuidad de exposición la sucesión temporal ineludible de nuestra realidad cotidiana. En los cuentos de A. Zamora Vicente (nuestra principal fuente en este terreno), un largo monólogo, sólo interrumpido breve e inoportunamente por un interlocutor que nunca aparece, limita también las posibilidades del coloquio. Por esto quizá, una muletilla que tantas veces puede oírse a diario en el hablante medio en confianza, como es «Dices tú» (que requiere una pausa anterior), he conseguido documentarla una sola vez, con gran alegría por mi parte, y precisamente en *Cinco horas con Mario,* obra que literaturiza la lengua hablada al concretizarla en el personaje, Carmen.

Aun así, el material recopilado, sólo para este primer apartado, ha sido tanto que buena parte tendrá que quedar archivado por el momento (por diferentes causas). Desentrañar esta especie de caos que las fórmulas o expresiones de relleno constituyen se presenta tan difícil, que todas las deficiencias que se aprecien no serán seguramente todas las que existan.

Intentando poner un poco de orden, hemos hecho una clasificación —provisional— de las expresiones de relleno de este primer grupo que tratamos:

— Expresiones de relleno cuya finalidad es esencialmente autorreafirmativa (del hablante):

A) Autorreafirmativas propias, o expresiones directamente atribuidas al yo-hablante, sujeto real.
B) Atribuciones al interlocutor.
C) Autorreafirmativas encubiertas en sujetos ajenos al yo y al tú.

A falta de un criterio mejor, hemos considerado el de la aparición del sujeto gramatical, que da un carácter más o menos subjetivo a la expresión.

1.A. *Autorreafirmativas propias,* o expresiones directamente atribuidas al yo-hablante, sujeto real.

En el intento por parte del hablante de asegurar enfáticamente (de modo que no quede sombra de duda o réplica posible) lo que dice, parecería un lógico procedimiento reforzar su opinión refiriéndose directamente a ello. Este, que sería el modo más directo y sencillo de conseguir sus propósitos, no es, sin embargo, el más usado: el hablante suele preferir encubrir su subjetivo afán de predominio refiriéndose al interlocutor (atribuyéndole en ocasiones lo que él mismo piensa o desea que piense) o a otros sujetos ajenos, que no son los protagonistas reales del hecho.

Con «sujeto real» queremos decir aquel que trasciende el hecho gramatical; es decir, el sujeto que propone, el sujeto de la proposición y no el de la oración. En este caso se trata del hablante, sujeto que realmente propone un enunciado y se ratifica enfáticamente en él.

En las autorreafirmativas propias coinciden el sujeto de la

proposición y el de la oración gramatical: el verbo aparece, pues, en primera persona.

Como el hablante alude a algo ya expresado o que va a referir, utiliza frecuentemente el verbo *decir,* en las más diversas combinaciones temporales y semánticas. Este verbo es el favorito en las expresiones de este tipo.

1.A.1. Con *Te lo digo yo* se impone directamente la importancia del hablante ante el interlocutor, que parece obligado a dar por bueno lo que el otro dice, por ser quien es simplemente:

⊙—Eres un muñeco, *te lo digo yo,* un muñeco desvencijado que no puede con su alma. (Mundo, 127)

⊙—Hoy tiene que venir mucha gente, *lo digo yo.* (Jarama, 10)

⊙—Como lo oye.
—Pero...
—Nada, *se lo digo yo.* ¡Como lo oye! (L.C., 194)

Me criticaba un amigo colombiano que los peninsulares éramos más propensos (somos) que los hispanoamericanos a esta expresión egocéntrica, con la que nos tomamos personalmente una autoridad que no poseemos. El se sentía especialmente ofendido por la frase y solía contestar a ella con un «¿Y tú quién eres?», equivalente a: «¿Y tú quién te crees que eres?»

1.A.2. De forma semejante, pero con un significado bien distinto, oímos la expresión *digo yo,* con la que el hablante muestra un titubeo, echa una especie de freno a la afirmación:

⊙—Aprenda, aprenda usted de este señor tan gordo, que está aquí, al lado de mi niño, que le oirá más que usted, ¿no?, vamos, *digo yo.* (ATB, 90)

⊙—¿Y si sobra, di?
—No, no sobrará. ¡Vamos, *digo yo!* (L.C., 25)

Con el mismo sentido:

⊙—Aunque no vayamos a meternos en seguida, siempre estaremos mejor en taparrabos, *creo yo.* (Jarama, 33)

⊙—Mejor quedaba ahí... Vamos, *a mí me lo parece.*

(Jarama, 41)

⊙—Manolo siempre lo hace mejor, vamos, *me parece a mí.*

1.A.3. Como resultado de la conciencia del hablante de no haber llegado al término o la expresión adecuada, denotan también un titubeo las expresiones: Como si dijéramos, no sé cómo decirte, cómo te diría yo, etc.:

⊙—Nunca lo entenderás, pero a una mujer, *no sé cómo decirte,* le humilla que todas sus amigas vayan en coche y ella a patita. (5HCM, 34)

⊙—Un pasillo es así como..., como... Vamos, *cómo te lo diré yo...* ¡Pues lo que es un pasillo! (ATB, 19)

⊙—¿No te gustan (mis amigas)?
—*No sé qué decirte.* Parecen de señoras las conversaciones que tienen. (EV, 43)

⊙—Se quedó algo así, vamos, así como... *Cómo diré yo.* No turulata, no, pero, así así... (ATB, 105)

(Este sentido tiene también la expresión «como quien dice»):

⊙—Estos sueños son *como quien dice,* una cosa así...

(ATB, 268)

1.A.4. En sentido contrario se emplean otras expresiones que pretenden con su presencia dejar claro que lo que se afirma es verdad y que, por tanto, el hablante es sincero. Con «Como me llamo tal que...» se iguala la verdad de un hecho cualquiera con la del nombre que se posee, que es una realidad conocida por muchos y hace válida la comparación:

⊙—Pues *como me llamo Pedro* y soy fontanero, *que* ya se pueden ustedes ir ahogando en el primer atasco. (ATB, 92)

49

4

1.A.5. La verdad parece más cierta si otros la avalan; y más si, como parece insinuar la expresión, esos otros son casi generalidad:

⊙—Que hay que ver la fama de antipático que tienes en todas partes, que nadie te puede ver ni en pintura, *no es que yo lo diga.* (5HCM, 156)

La hablante suaviza con «no es que yo lo diga», de paso que da tinte de verdad indudable al defecto de su marido, sus afirmaciones tajantes: «en todas partes», «nadie».

1.A.6. Con «como te lo digo», «como te lo estoy diciendo» (con actualización temporal), etc., el hablante insiste sobre la fidelidad o exactitud de lo que dice:

⊙—Esto de tener que marcharse de España es siempre una pejiguera, *como yo se lo digo.* (ATB, 71)

⊙—Pues no crea, que todo eso se lo inventa.
—¿Quiere usted decir?
—*Como se lo digo.* Que me muera ahora mismo si no es verdad.
(Ciudad)

1.A.7. Con matiz muy semejante se utilizan otras expresiones que insisten sobre algo contenido en el mensaje, destacando especialmente la participación del hablante en el hecho:

⊙—Figúrese, con la aglomeración, *lo que yo digo,* que no hay quien respire. (ATB, 50)

⊙—No te vayas a creer tú con el niño, si, *la que yo digo,* es mejor no ir por no verle. (ATB, 196)

⊙—Los hombres es una suerte *como yo digo,* si no estáis bien a los veinte no tenéis más que esperar otros veinte.
(5HCM, 124)

⊙—Dése cuenta, la repugnancia, oiga, aparte, *como yo digo,* que el remedio no daba para largo. (LG, 47)

⊙—Pero es que a los hijos de los pobres nunca se les puede dar carrera. Por eso, adespués, hay más burros con letras que sin ellas. Y claro, es *lo que uno dice*. (Ciudad, 166)

(aunque claramente referida al sujeto hablante, la frase es una excepción, pues la impersonalización obliga al uso de 3.ª persona en el verbo. Lo mismo ocurre con «como quien dice», en 1.A.3.).

1.A.8. A veces, con la anticipación del verbo dicendi, el hablante pone en aviso a su interlocutor de la importancia de lo que sigue:

⊙—Pero, ahora... *Le digo que* todo, todo era mejor. (ATB, 180)

⊙—Además, mujer, Toñuca, que es mi más amiga, me ha hecho tales faenas. *Te lo digo,* de no podérselo creer. (EV, 119)

⊙—¡Hola! Salgo de un examen.
—¡Ah! ¿Y qué tal?
—¡Pss! *Te diré.* Tirando pa mal, creo yo.

1.A.9. Curiosamente, como medio de ponderación, el hablante anticipa la negación de comunicar al interlocutor lo que inmediatamente le dice: con el contraste de la negación consigue dar mayor énfasis al concepto a que va referida; y, sobre todo, consigue dejar en el oyente la sensación de que hay algo más, muy importante, detrás de lo que dice:

⊙—Bueno, *no le voy a decir a usted* que apretamos a correr.
(ATB, 104)

⊙—Menos mal que a mí, en mi profesión, ya ves, un trabajazo *que no te voy a contar,* de los tenidos tradicionalmente por liberales. (ATB, 71)

⊙—Porque una fiesta en casa de Gelines sin piscina, *no te quiero contar* qué muerto, vamos... (Mundo, 32)

El procedimiento enfático es igualmente válido si se termina, a modo de remate, con un «no te digo más», equivalente a:

no es necesario decir más, tan grande es la evidencia de lo dicho.

⊙—Es que, bueno, es que hay que ver qué educación nos daban aquellas monjas. Para señoritas, *no te digo más*. (Mundo, 15)

⊙—Tuvieron que darle al crío la respiración artificial, porque se pasaba llorando, *no le digo más*. (ATB)

1.A.10. La misma impresión de dejarse mucho y muy importante en el tintero pretende darse con expresiones del tipo: «si yo les contara», «qué le voy a contar», etc.

⊙DR.—Por lo que dices, tu bisabuelo debía ser un tipo.
P.P.—¡Y que lo diga! *Si yo le contara*. (LG, 37)

⊙—¡Lo que tengo visto allí, Señor mío! *Si yo les contara...* (Mundo, 151)

⊙Etc.

1.A.11. Por fin, es curiosa la tendencia que tenemos a asegurar nuestra sinceridad insistiendo en que lo que decimos es verdad, pues frecuentemente la afirmación da justamente la impresión de lo contrario o, al menos, de una medida inseguridad del hablante:

⊙—Pues yo no es que quiera meterme en la vida de nadie, pero, chico, *te digo mi verdad:* yo creo que uno, en un momento dado tiene derecho a casarse como sea. (Jarama, 172)

Esta es precisamente una de las muletillas más usadas por Carmen en *Cinco horas con Mario,* y la que mejor nos habla de su falta de total sinceridad.

1.B. *Atribuciones al interlocutor*

Este es quizá el procedimiento que inconscientemente utilizamos con más frecuencia. Seguramente porque, siendo tan cómodo como otros, ofrece además la ventaja de implicar directamente al interlocutor en lo que hablamos y, en alguna medida, hacerle cómplice de aquello que decimos y muchas veces también de lo que pensamos. Muchas de estas fórmulas, desgastadas por el uso, han quedado como «estribillos» (por decirlo de alguna manera) de la lengua coloquial, a los cuales recurren los hablantes inconscientemente; pasan desapercibidos para el hablante y para el oyente, que está sin comerlo ni beberlo implicado en ellos.

Tres son los medios más normales por los que se suele invadir el terreno del interlocutor: la interrogación retórica, el mandato y la expresión de lo (supuestamente) consabido.

1.B.1. *La interrogación retórica*

La trataremos con más detenimiento y desde otro punto de vista en otro apartado.

Con las interrogaciones falsas (el hablante no espera respuesta o la conoce de antemano) el hablante no sólo se ocupa de exponer o confirmar su opinión, sino que además obliga en cierto modo al interlocutor al acuerdo.

1.B.1.a. Algunas veces apelan a la opinión del contrario, aun cuando da la sensación de que el hablante está tan seguro de lo que dice que de ningún modo espera desacuerdo:

⊙—Pero el heroísmo... Viriato, Guzmán el Bueno, Agustina de Aragón... *¿Eh, qué tal?* Pues, *¿y el Conde Duque?*
(ATB, 259)

1.B.1.b. Otras veces el hablante parece querer sólo mantener la atención del interlocutor:

⊙—El escribe guiones, *¿sabes?*, o por ejemplo para adaptar una novela al cine. (EV, 20)

53

1.B.1.c. En ocasiones, las expresiones tienen el efecto de avasallar al interlocutor, de imponerle violentamente como inapelable lo que el hablante dice:

⊙—Pues sí que no tengo yo chicos a patadas, *¿te enteras?*, a patadas, los que quiera. (Mundo, 57)

⊙—El médico soy yo, *¿lo oye?*, y no usted.

⊙—Bueno; pues lo que es tú ya te puedes andar con cuidado de no emborracharte, *¿estamos?* Luego empezáis a meter la pata y se fastidia la fiesta con el vino dichoso. (Jarama, 16)

Un efecto semejante se consigue con el conclusivo «Pues entonces». Posiblemente en su origen era una interrogación: ¿pues entonces cómo te atreves a decir esto otro? (o algo semejante). Hoy ha quedado la unión asignificativa de un expletivo más un adverbio temporal que, sacado de su contexto, no tiene valor ninguno. Al hablar damos entonación de frase acabada a la expresión; como las interrogativas «¿Estamos?» y «¿Qué tal?», es una frase hecha:

⊙—Que te estés quieta, Alicia; ¡tendrá que ver! Nos los vamos a comer entre todos, ¿no? *¡Pues entonces!* (Jarama, 86)

1.B.2. *Expresiones que indican mandato*

La sugerencia por mandato no es más que un modo enfático común en nuestro hablar cotidiano, como lo es el mandato mediante el ruego. Con ella añadimos una nota emocional a nuestra expresión.

Las que estudiamos en este apartado son frases hechas, que presentan muy pocas variaciones y que incluyen directamente, por medio de marcas gramaticales actualizadoras (imperativos), al interlocutor en lo comunicado por el hablante.

1.B.2.a. Los imperativos que hemos llamado «intelectuales» (que estudiaremos también más tarde), pronunciados como un paréntesis, se prestan muy bien para esta función. En las expresiones de los siguientes ejemplos cumplen un cometido en cierto modo ponderativo de la importancia de lo que se dice o sólo de parte de lo comunicado:

⊙ —Es que estaba una mejor alimentada, a ver, *calcule usted,* comíamos como Dios manda. (ATB, 184)

⊙ —Los niños se hubieran vuelto locos con un Seiscientos, Mario, y en lo tocante a mí, *imagina,* de cambiarme la vida.
(5HCM, 37)

⊙ —Pero de eso de un día y otro y pun pun y dale que te pego... de eso nada, *fíjate,* ni noción. (Jarama, 148)

⊙ —Que sólo de lo que se lleva en reparaciones, sólo de lo que se lleva en reparaciones, *date cuenta,* hoy por hoy, teníamos ya el Renol en propiedad. Como lo oyes. (Jarama, 116)

1.B.2.b. Una serie de expresiones, de forma variada, tienen en común el empleo del verbo «decir» y el significado (muy próximo). En apariencia, van desde la orden de hablar al interlocutor hasta la prohibición de hacerlo, pasando por la posibilidad teñida de mandato (por un futuro que tiene tanto de imperativo como de hipotético y expresivo):

⊙ —Todo Cristo al autobús, y al trabajo, y a jorobarse, que, *no me diga,* vaya maldición, tener que pasarse la vida así.
(ATB, 42)

⊙ —Porque otra cosa aquí no habrá, pero asistencia intervecinal, hombre, *usted dirá.* (ATB)

⊙ —Porque aquí, nadie, ¿eh?, es que ni torta, ¿estamos? Ni torta de nada, a ver, *dígame usted a mí.* Su pregunta, que vaya salidita (...). (Mundo, 61)

⊙ —Y de muy buen ver, lo que resulta provocativo, *no me digas que no.* (ATB, 194)

⊙ —También hablan de testigos, que no creo yo que sean trigo limpio, entre nosotros se encuentran testigos para todo, *dígame que no.* (Especie de reto) (Mundo, 38)

⊙—Tiene un genio terrible, *dime tú,* si parece que van a saltársele las venas de aquí del cuello de como se pone.

⊙—Y el nuevo prosigue, ya un tantillo malhumorado: *¿No me va usted a decir* que aquí no hay más que manzanilla y yerbabuena para cocer? (ATB, 13)

⊙—*No me irá usted a decir* que este periódico es enemigo del régimen, no me faltaba más que eso. (ATB, 126)

⊙—O vea zarzuelas, que ahí están para ir tirando unas cuantas, (...), o si no... *¿Me va a decir usted* que hay algo mejor por el mundo adelante? (ATB, 177)

I.B.3. *Expresión de lo consabido*

Se trata, en la mayoría de los casos, de auténticas atribuciones gratuitas por parte del que habla a su interlocutor, a quien pone por sujeto de su expresión (que es reflejo de su subjetividad):

⊙P.P.—Mire, doctor, si yo suelto el mirlo entonces, me hubieran dicho que estaba chalado. Y *usted sabe como yo* que eso no es cierto. (LG, 186)

⊙—Pues, allá va... Yo era... Es que *no se lo va usted a creer,* hombre. (ATB, 116)

⊙—A mí, Paco, para pasar el rato, pero nada más, que él sería divertido, no lo niego, pero su familia era un poco así, *ya me entiendes,* y de que le escarbabas un poco en seguida asomaba el bruto. (5HCM, 48)

⊙—Y me dijo de sopetón: «¿No eres tú, pequeña, la chica que le gusta a mi hermano Mario?», que yo, *no quieras saber,* ni contestar, salí despepitada y... (5HCM, 47)

⊙—Que, vamos, es que mi hermano, no pega un ojo desde el día del telele, a ver, *ya sabes,* esas visitas inesperadas de los inspectores. (Mundo, 11)

⊙—Hace tiempo que no sé de él oficialmente, pero, *usted sabe,* esas cosas de los servicios internacionles, el correo (...).

(ATB, 310)

⊙—¿Bien vestido?

—Tirándolo. Pero a mí la impresión que me dio, *si quieres te diga,* es que ése debe de ser de los que pasan hambre en casa.

(Jarama, 163)

⊙—Y el caso es que yo pensaba para entre mí: ya se cansará de inventar, pero *¡que se lo ha creído usted!* (LG, 146)

⊙—Aguarde, de la Historia y la Gramática no tengo queja, la verdad. Y si *me apura,* tampoco de la Aritmética, doctor.

(LG, 82)

1.B.3.a. En algunos casos, como en el primer ejemplo, parece además hacer al interlocutor cómplice directo en lo que dice. Así también en los siguientes:

⊙—Lo que dicen, *usted me entiende,* no hay gachó que lo repita.

(ATB, 83)

⊙—Yo, *como tú comprenderás,* no me voy a casar con ese tipejo.

(ATB, 213)

⊙—Y (le cito a usted) en la bibliografía de todos mis libros, que, *como de seguro ya sabe usted,* son numerosos. (ATB, 253)

⊙—Para lo que hacíamos cada semana, no (me necesitabas a mí), desde luego, para eso cualquiera, inclusive otras mejor que yo; que yo, *de sobras lo sabes,* los días malos impasible, y los buenos (...). (5HCM, 40)

Con la inserción de «de sobras lo sabes» le atribuye Carmen a Mario, su marido muerto, el conocimiento acerca de lo que ella le informa, que, por cierto, resulta no ser tan verdad: la expresión ya nos hace dudar de la veracidad de la afirmación. Algo semejante ocurre en los siguientes ejemplos del mismo autor:

⊙—Y no por nada, *que ya me conoces,* que otra cosa no, pero me horroriza dramatizar (pág. 32).

⊙—Y luego, a la noche, ni caso, que no he visto hombre más apático, hijo mío, y no es que a mí eso me interese especialmente, que ni frío ni calor, *ya me conoces,* pero al menos contar conmigo (ídem).

1.B.3.b. Para introducir algo que interesa discutir al hablante y que ha quedado olvidado y ajeno en el diálogo, o corre peligro de abandonarse, se usa muy frecuentemente «Dices tú», atribuyéndosele de antemano al interlocutor lo que va a decirse.

Ya explicábamos al principio de este capítulo que la obra literaria sufre condicionamientos que no permiten en ella la reproducción de la lengua coloquial en toda su riqueza. Concretamente esta frase, «dices tú», como otras muchas que habremos dejado sin exponer, ofrece una dificultad especial: está condicionada por un contexto de cosas consabidas por hablante e interlocutor, tan bien conocidas por ellos que su repetición puede quedar en mera referencia y ser perfectamente entendida al hablar. Sería ésta una de las expresiones más directamente condicionadas por la «co-vivencia». Y lograr en un libro un clima tal que permita expresiones de este tipo ofrece especial dificultad. He documentado una sola vez la frase, en 5HCM, 102: el dato es importante: la larga reflexión de Carmen ante el cadáver de su marido acaba 87 páginas más tarde: el monólogo nos ha dado ya, a la altura de la página 102 del libro, la pauta del personaje.

Por otra parte, este «dices tú» introductor da paso generalmente a una especie de discusión que lo explica, y que justifica la presencia de la frase, mera referencia, incluso en este caso concreto, aunque normalmente se dé sólo como fruto de unas circunstancias bien precisas:

⊙—Pero Valen es un encanto, ¡yo la quiero! Y que es una mujer que está en todo, no me digas, hasta de álgebra entiende, que no la va, fíjate, eso sí, una vez por semana a Madrid a que la limpien el cutis, que así tiene ella el cutis que tiene, ¡una maravilla!, yo la quiero horrores, *dices tú,* ¡claro que se la nota!, nadie sabe la porquería que puede almacenar el cutis hasta que no se limpia una vez, ¡de no creerlo!

También en *Las guerras de nuestros antepasados* (nuevamente M. Delibes) he documentado la expresión, pero esta vez con el

tratamiento de respeto; esto es más raro, puesto que los trata-
mientos de poca confianza no suelen dar lugar u oportunidad
a este tipo de expresiones. La verdad es que sólo he escuchado
la frase en tratamiento de confianza, pero esto no significa que
no sea posible o no se dé también en otros. Y lo cierto es que
podemos proceder aquí de manera semejante: cuando acontece
la expresión (pág. 137) hay ya suficiente confianza entre el
doctor y Pacífico Pérez, aunque éste mantiene la jerarquía en
el tratamiento:

> ⊙P.P.—Con que se puso de pies, se arrimó allí y, luego, volvió
> orilla mía, y va y me dice: ¡joder, qué maravilla, chico!
> DR.—¿También decía eso, Pacífico?
> P.P.—Qué hacer, doctor, ella decía de todo (...) y no hay mala
> palabra que no se le ocurriera. Y como las soltaba así, ¿com-
> prende?, con el cigarro en la boca y entrecerrando los ojos,
> imponía, la verdad. *Que dice usted* de enfadarse. De eso nada,
> ya ve. ¡Pero si inclusive cuando se ponía cariñosa no sabía
> orillarlas!

I.C. *Autorreafirmativas encubiertas*

El procedimiento expresivo seguido por el hablante con el
uso de estos recursos consiste en encubrir la autoafirmación,
pero esta vez no en el interlocutor, sino en algo o alguien ajeno,
frecuentemente en un sujeto anónimo que le da cierto carácter
de validez general a la aseveración.

I.C.1. Escudándose en un sujeto colectivo o en la experiencia,
para confirmar mejor y con pretensiones de objetividad lo que
se dice, encontramos:

> ⊙—Esa tierra, *por lo que cuentan,* debe de ser un sitio agradable.
> (ATB, 76)

> ⊙—Y lo peor es que esa Clarita, *por lo visto,* en los ratos de
> lucidez (...) se dedica a insultarnos, a ponernos de hoja perejil.
> (ATB)

⊙Dr.—Pero, ¿para qué quería tu abuelo tantas culebras?

P.P.—Nada, oiga, la afición *que dicen,* un capricho. (LG, 41)

⊙—Si llevas razón, mujer, si nadie te quita la razón. *Lo que pasa.* Si yo lo reconozco. Esto es hermoso. Ya lo creo que a cualquiera le hace avío una gallina ponedora. (Jarama, 135)

⊙—En fin, proliferación, que no haya que repetírselo, quiere decir, o sea, vamos, o sea, que hay muchas extranjeras. Y las extranjeras, *ya se sabe.* (Mundo, 20)

1.C.2. Algunas veces el sujeto no es colectivo ni anónimo, sino alguien determinado, un tercero que aparece citado como autoridad:

⊙—A todos estos mangantes hay que tratarlos así; las personas decentes no podemos dejar que se nos suban a las barbas. *¡Ya lo decía mi padre!* ¿Quieres uvas? Pues entra por uvas. (L.C., 15)

⊙—No es de hoy, cariño, que siempre fuiste un culillo de mal asiento, *ya lo dice la Doro,* que no sabes parar quieto. (5HCM, 52)

⊙—Los extranjeros esos (...), que si vienen aquí, *como dice papá,* es a comer caliente y nada más que a eso. (5HCM, 52)

⊙—Los gallegos son muy suyos, *todo el mundo lo dice.*

Aunque en este apartado podríamos incluir también numerosas expresiones coloquiales que actúan como actualizadoras del mensaje, dejando ver de paso la actitud del hablante, sólo un estudio más detenido nos permitiría hablar de ellas con una cierta serenidad y, desde luego, mejor preparación.

2. ESTIMULANTES CONVERSACIONALES

Nos referimos aquí a aquellas expresiones que comportan un estímulo en el interlocutor, por cuanto de un modo u otro lo involucran en el diálogo, sin esperar una acción directa por su parte. Son, a su vez, estimulantes para el hablante, que puede usarlos para cubrir huecos surgidos en su comunicación, dando mayor expresividad al contenido y comprometiendo al interlocutor en lo comunicado.

2.A. Con este sentido, son harto frecuentes los *imperativos sensoriales* y, análogamente, los intelectuales, donde al mandato inesperado (no considerado tal al pie de la letra por el oyente) se une el respiro del hablante o la evidencia afectiva implícita en el mensaje.

Los imperativos sensoriales son tratados por W. Beinhauer como «formas de iniciar el diálogo». Aunque en ocasiones trascienden esta condición, su cometido suele ajustarse a ser introducción de una parte del mensaje. Con esto, los imperativos de «mirar», «oír», «ver (ve ahí)» no se entienden literalmente: lo que importa no es propiamente que el interlocutor dirija la vista ni que oiga, puesto que está supuestamente escuchando; lo que importa es mantener su atención y tomar tiempo para que el hablante alcance la expresión adecuada. Tampoco la diferencia entre «mirar» y «ver» es real; sí lo es, sin embargo, entre «oír» y «escuchar», menos gramaticalizado éste que el primero. La sinestesia normalmente no es sentida por ninguno de los interlocutores en la apelación:

⊙—Parece que la estoy oyendo, tantas veces la oigo, ahora mismo, escuche, escuche usted, *mire,* así, bajito... (ATB)

⊙JL.—¿Llevará tres (meses) a este paso (el presente gobierno)? LEOPOLDO CALVO SOTELO.—*Mire* usted, sólo el a veces desmedido afán por la noticia (...).
(Rev. *Interviú,* año 2, núm. 79, pág. 16)

⊙—Que a mi tío, allá en el pueblo, le respetaban, *oiga,* aunque luego anduvieran por detrás diciendo perrerías. (LG, 85)

Tal como aparece en algunos textos, «ve ahí» —nos consta que es muy poco usado hoy en el medio urbano— está tan lexica-

lizado que ni siquiera varía su forma de acuerdo con el tratamiento empleado; e igual podría ser el imperativo del verbo
«ver» que del verbo «ir»; de hecho, también el verbo «ir»,
de movimiento, aporta expresividad y se comporta como esti-
mulante conversacional, fundamentalmente de apoyo para el
hablante, en sus formas de mandato, igualmente tan reducidas
a puros útiles expresivos sin significado intrínseco esencial,
que aparecen indiferentemente «vamos», «vaya» y también «venga» (verbo venir), sea el interlocutor uno o varios y se le/les
trate de tú o de usted.

⊙—¿A mí?
—No disimules ahora, *vamos,* que ya te has puesto en evidencia.
(Jarama, 53)

⊙—Que para mí una chica que estudia es una chica sin sexy, no
es lo suyo, *vaya,* convéncete. (5HCM, 50)

⊙—Bueno, ¿qué?, ¿me compráis una papeleta para el viaje fin de
curso?
(Silencio)
—*Venga,* que si queréis una papeleta, que os la vendo, no seáis
tacaños.

(Matiz de insistencia molesta ante el silencio indiferente de los
compañeros increpados.)

2.B. También se emplean como llamadas de atención, con el
mismo fin que los imperativos sensoriales, otros imperativos de
carácter predominantemente conceptual, que expresan más o
menos claramente lo que pretenden: «fíjate», «figúrate», «imagínate» ...

⊙—Norteamericanos ya los hemos puesto en unos cuantos minis-
terios, y en bancos y en iglesias, *figúrese,* con la aglomeración.
(ATB, 50)

⊙Etc.

Algunas expresiones con imperativos sensoriales, intelectuales y de movimiento, tales como «considera», «entiéndeme», «dime tú», «venga ya», «óyelo bien», etc., los tratamos en otros apartados por prevalecer en ellos un matiz distinto del que ahora nos ocupa.

2.C. *La interrogación retórica*

Uno de los medios más frecuentemente empleados para atraer o mantener la atención del interlocutor es la expresión por interrogación que o bien no espera respuesta, o ésta es conocida (y, como tal, innecesaria, aun cuando se dé), o bien pretende ser simplemente la autoafirmación reforzada por parte del hablante en la forma interrogativa. Este último tipo lo hemos tratado ya en el primer apartado de las «Expresiones de relleno».

Como es natural, las preguntas, que surgen en circunstancias no determinadas, espontáneamente, referidas a cualquier cosa mencionada (muchas veces dirigidas a uno mismo), no suelen presentar formas fijas que podamos tratar aquí. Las falsas interrogativas pueblan nuestro coloquio de preguntas sin respuesta y de respuestas frustradas. Son especialmente útiles en el monólogo, y los textos que lo emplean están también plagados de ellas.

Veamos algunos ejemplos:

⊙—Bailé toda la noche, al final ya descalza, (...) y, fíjese, al poquito, había otras muchas señoras de aquellas también descalzas. Impuse la moda. Yo. *¿Eh, qué tal?* Yo. Aquí, donde me ve. (ATB, 147)

⊙—Anda, vámonos, que me voy a poner mala otra vez sólo de pensarlo, qué barbaridad, Curro. *¿Sabes* que mi prima Salud ha dicho que tú deberías llamarte Currinche? Tiene cada ocurrencia mi prima Salud, que para qué te voy a contar.

(Mundo, 59)

⊙—Engañados es lo que van (...), que luego están rabiando y deseando de regresar, ¡a ver!, que como en España en ninguna parte. Porque, después de todo, *¿qué se les ha perdido en el extranjero,* como yo digo? El caso es cambiar y hacer el tonto, aprender lo que no deben (...). (5HCM, 67)

⊙—Y esos tres elementos de que le hablo, amigo mío (...) son, *¿sabe usted cuáles son?*
—Siga, siga...
—Pues son: planteamiento, nudo y desenlace. Sin planteamiento, nudo y desenlace, por más vueltas que usted quiera darle, no hay novela; hay, *¿quiere usted que se lo diga?*
—Sí, señor, sí.
—Pues hay nada, para que lo sepa. (Café, 19 y 20)

⊙—*¿No veis que están jugando?* —decía desde la mesa la mujer de Ocaña (a los niños)—. *¿Por qué molestáis? ¿Por qué tenéis que estar en medio siempre?* ¡Aquí ahora mismo! (Jarama)

2.D. La interrogación indirecta se utiliza también como recurso enfático en la lengua coloquial. Algunas se han convertido en fórmulas consagradas:

— *Qué*+verbo *ir*+*a*+infinitivo (en frases negativas)

«En donde el verbo *ir* en presente o imperfecto seguido de otro verbo en infinitivo equivale al presente e imperfecto (respectivamente) de este segundo verbo, y donde *qué* equivale a 'nada'»[3].

— *Qué*+verbo *haber*+*de*+infinitivo

Como la anterior, es forma afectiva de negación por perífrasis; ambas se utilizan frecuentemente en construcciones pleonásticas.

— *Qué sé yo (qué)*

La sonoridad redundante apoya la expresividad. La fórmula,

---

[3] M. Seco, en *El comentario de textos* (2).

con el uso, ha llegado a olvidar totalmente su primitivo cariz interrogativo.

— *Qué quieres (que te diga); qué te voy a contar; qué se le va a hacer,* etc.

Es curioso que los dos primeros esquemas interrogativos resultan ser en realidad negaciones; sin embargo, reproducidos con el adverbio de negación *no* en lugar de la partícula interrogativa, el resultado es una afirmación:

⊙—De lo de la terraza no digas nada a la tía.
—Yo *qué voy a decir.* No pienso decir nada de nada.
(EV, 175)

⊙—¿Y ellos no robaron fruta?
—¡*No van a robar!* Como todos.

⊙Dr.—¿Y te salió bien la cosa, Pacífico?
P.P.—*Pues no me había de salir,* natural. Y allí vería usted al Bisa desde el camino, ¡te van a poner (las abejas) la cara como a un Santo Cristo!, ¿comprende? Pero *qué habían de poner.* (LG, 115)

(Pacífico, que se caracteriza por una muy especial sensibilidad hacia la naturaleza, es catador de colmenas al descubierto —sin guantes ni mascarilla—, y las abejas no le pican. En el ejemplo podemos apreciar las dos formas: negativa la de interrogación, y afirmativa la de negación.)

Otros ejemplos:

⊙—Y, además, la visión viene acompañada de fenómenos estupendos, *qué le voy a contar.*

⊙—De mí todos abusan, pero *qué quieres,* hijo, *qué quieres.*

⊙—(Esta abundancia de -ados finales es el truco de don Constancio, el notario. Lee mucho a Cervantes, *qué se había creído usted.)* (Mundo)

3. SOPORTES CONVERSACIONALES

Estos recursos expresivos formarían parte de las generalmente reconocidas «fórmulas de relleno».

Lo que caracteriza a estos «soportes» coloquiales es su carácter pasivo, respecto del hablante y su interlocutor; van referidos al mensaje y son a él lo que el umbral a la casa: el paso que da entrada a un nuevo espacio (a una expresión más en este caso) y que lo pone en comunicación con el entorno (comunicativo). Suelen ir ligados al añadido conceptual, precediéndolo como un nexo gramatical despojado de significado.

La mayoría de las veces no tienen carga significativa alguna; cuando la tienen, ésta no se corresponde con la real objetiva del significante y queda poco definida, como fugaz matiz. Algunos han llegado a sentirse de tal modo integrados en determinadas estructuras coloquiales, que éstas casi no se conciben sin ellos.

3.A. *Enlaces coloquiales*

Lo que llamamos «enlaces coloquiales» se corresponde aproximadamente con lo que M. Seco denomina «palabras gramaticales».

Se trata de partículas expletivas (términos únicos) de función nexiva, definidas por su frecuencia de uso y porque son sintagmáticamente inseparables de la expresión en que están inmersas (esto es lo que las diferencia del resto de los «soportes conversacionales»). Términos tales como:

— *Que*
— *Pues*
— *Pero*
— *Conque*
— *Y*
— *Si,*

cuyo valor ilativo viene dado por el contexto en que se insertan.

Nuestras conversaciones, así como los textos que hemos utilizado, dan muestra abundante de estas partículas expletivas; recogiéndolas, la lengua escrita aporta su granito de arena en cuanto a naturalidad en la expresión.

3.A.1. QUE:

Como el resto de los enlaces, éste suele venir provocado por lo que precede inmediatamente o por factores extralingüísticos que, no estando expresamente justificados en el diálogo, justifican su aparición con la partícula expletiva que los referencia.

Concretamente esta partícula se emplea tan frecuentemente en español que resulta difícil establecer una tabla de valores. Tanto en función de pronominal relativo como de conjunción puede presentar un cierto matiz nexivo, ilativo, ques es propiamente el que tiene como «enlace coloquial».

3.A.1.a. Aparece muy a menudo encabezando respuestas:

⊙—¡Ca! No me gustan a mí las muchachas vestidas de esa manera (con pantalones). Si parece un recluta.
—*Que* le vienen un poco grandes; serán de algún hermano.

(Jarama, 17)

⊙—Ya; ¡parecido a nosotros!
—Desde luego; por la otra punta. Ejemplo debíamos de tomar en muchas cosas: (...).
—*Que* nada, *que* son otras costumbres, no hay que darle vueltas; *que* es otra educación muy distinta la que tienen.

(Jarama, 148)

3.A.1.b. En muchos casos el expletivo aparece como reforzante en un enunciado:

— de una opinión o de una información (con carácter de impaciencia o insistencia),

⊙—Son ustedes la oca. Ustedes, los periodistas y los del juzgado. Pero me callo. Me-ca-llo. Ea, *que* me callo. (ATB, 157)

⊙—¿Sabe que está usted muy hermosa, muy bien conservada, para los años y los hijos que tiene?
—¡Ay, señorita! *Que* el criar envejece y el parir embellece, ¿no lo sabía usted? Aunque yo, los trece me los he criado a pecho.
—¿Y a qué edad tuvo usted el primero?
—¡Ay, señorita! *Que* me faltaban tres meses para los catorce cuando me escapé con el novio.
(...)
—¿Así está usted sin casar?
—¡Ay, no, señorita! *Que* me casé en cuanto quedé encinta, *que* pa mí que quedé la primera vez que estuve con él.
(Ciudad, 54)

— de una expresión imperativa (a la cual determina formalmente),

⊙—*Que* te estés quieta, Alicia; ¡tendrá que ver! (Jarama, 86)

— o de afirmaciones o negaciones:

⊙—¿No os habréis olvidado de algo?
—*Que* no, mujer, *que* no. (Jarama, 91)

⊙—Anda, no seáis comediantes; que bien que os gusta que os miren.
—¡Uh!, ¡nos chifla!, no te digo más. Engordamos con ello. ¡Cuidado las pretensiones!
—*Que* sí, mujer, *que* bueno. (Jarama, 130)

3.A.1.c. Frecuentemente la partícula parece referirse a un verbo «dicendi» omitido o lejano en la comunicación. Si la expresión se relaciona con sujeto ajeno al que habla y al interlocutor, emparentamos con lo que L. Spitzer llama «*que* narrativo», tipo de transición que determina una expresión «que retiene de un *dicen que* justamente lo necesario para indicar sujetos hablantes, indeterminados, verdaderamente anónimos, que no aparecen con su personalidad y que se borran lo bastante para no invadir el contenido material de la declaración.

⊙—Pues fíjate, una mujer así era lo que le hacía falta a Ramón. Le rinde (...). A mí me lo ha contado Oscar; *que* ya no bebe ni la mitad. (EV, 244)

⊙El niño pide al tendero:
—*Que* si tiene perejil que me dé una ramita, y un kilo de tomates pa ensalada.

Nos gustaría aplicar el adjetivo «narrativo» en un sentido más amplio a esos «que» claramente dependientes de un verbo dicendi omitido, pero sobreentendido, como todos los subrayados en el siguiente párrafo «narrativo»:

⊙—Ande, ya una vez así, platicamos, a ver. Que ella, *que* a qué me dedicaba, y yo, la verdad, doctor, *que* a catador y granjero, que ella, *que* estaría orgulloso de figurar entre las fuerzas productivas, algo así, ¿comprende?, pero con retintín, oiga. Y con unas cosas y otras nos llegamos orilla la Salud, y la Candi *que* a sentarnos, ¿se da cuenta? Conque nos recostamos en el pretil, oiga, y ella calló la boca, y entonces yo por salir del paso la dije *que si* había reparado que los ríos hablaban como las personas, que el Matayeguas voceaba y la Salud rutaba y el Lirón cantaba como una mujer, ¿se da cuenta? Que ella, *que* muy poético, y yo, doctor, por hacerme de valer, *que* don Prócoro decía de mi tío Paco que era un poeta, que ella, *que* qué cosas, *que* don Prócoro y todos los curas no decían más que sandeces. (LG, 131-32)

3.A.1.d. Acompañado de *si,* partícula también expletiva que veremos más tarde, aparece con el mismo significado de reproductor de algo dicho por terceros. En contextos de este tipo su ausencia se sentiría extraña.

3.A.2. *PUES:*

Trataremos aquí el «pues» que encabeza la frase, no aquel pospuesto que es muletilla (expletiva también) de muchos hablantes del Norte de España y que como tal se ha extendido por todo el territorio.

Nuestro «pues» se pronuncia átono y es una especie de conjunción continuativa que enlaza con una premisa expresada o simplemente pensada.

3.A.2.a. En el uso que nos interesa aparece frecuentemente introduciendo respuestas de cualquier tipo:

⊙—No, hijo; no nací cansado, me cansé después. Me canso durante toda la semana, trajinando.

—*Pues* a ver si te crees que los demás nos la pasamos hurgándonos con la uña en el ombligo.

—Lo que sea. Yo por mi parte he venido a descansar. (...) Así que anda, pasarme el biberón.

—Bueno, hijo, bueno; *pues* iré yo —dijo Sebas.

(...)

—Niñas, ¿vosotras no bebéis?

—Por ahí teníais que haber empezado.

—Perdona, chica.

—*Pues* no señor; con el vino, primero son los hombres; las mujeres al paso, ¿no lo sabéis?

—¿Ah, sí? *Pues* una mala educación como otra cualquiera.

(...)

—*Pues* ahora sí que ha llegado la hora de bañarse.

(Jarama, 33)

⊙Dr.—Y eso (que te dijo) te halagó, naturalmente.

P.P.—*Pues* me gustó oírlo, oiga, a qué voy a decir lo contrario.

(LG, 131)

3.A.2.b. Muchas veces la partícula tiene la misión de encubrir un titubeo del hablante en la respuesta: responde inmediatamente «pues» para salir del paso y no entrar de lleno en la respuesta comprometida:

⊙—¿Es que molesto?
—*Pues*, hombre, sí; la verdad es que molesta usted bastante.
(Café, 33)

⊙—Conque por la capital, ¿eh?
—*Pues*, sí, eso parece... (Café, 49)

⊙—Sí, sí, tu prima. ¿Y cómo se llama tu prima?
Isidro Gil Ciruelo tragó saliva.
—*Pues*..., Renata, se llama Renata. (Café, 39)

⊙—¿Sí? ¿Qué es un hidalgo?
Está en un aprieto el Candel.
—*Pues* un hidalgo... Bueno, pues un hidalgo... Yo ya me sé lo que es. Pero no encuentro palabras para expresarlo.
(Ciudad, 11)

3.A.2.c. A veces la partícula denota una vuelta al tema, que se había desviado o interrumpido:

⊙—Cuando la hermana de Amparo, Claudia, la mayor, la rubia, la madre del niño ese rubio tan lindo, la que trabajó en la panadería, mujer, la del Valle; *pues* cuando iba a tener el segundo, que iba a ser niña, decía ella, *pues* también tuvo mucho peor embarazo que con el primero.

3.A.2.d. Acompaña también muchas veces como elemento enfático (similar a «que», pero quizá de menos efecto o fuerza) a fórmulas negativas y afirmativas:

⊙—Pero si las cosas tienen que ser así, porque así han sido siempre, ¿por qué no ponerte al lado de los que pueden corresponderte? *Pues* no señor, dale con los desarrapados y los paletos. (5HCM, 111)

⊙—¿Y aquel alto que cantaba tan bien? ¿Viene ése?
—Ah, Miguel —dijo Sebas—. *Pues* sí que viene, sí. ¡Cómo se acuerda! (Jarama, 15)

⊙—Este médico es un tocón, un aprovechao; ¡*pues* no me ha hecho poner en viso! (Ciudad, 58)

3.A.2.e. En la expresión afectiva «pues sí que» realza irónicamente enunciados afirmativos o negativos:

⊙—*Pues sí que* estamos buenos.

⊙—*Pues sí que* no se nota, oiga, que es usted una persona de estudios, si vale con oírle y se da uno cuenta.

3.A.3. *PERO; CONQUE; Y; SI:*

Las cuatro partículas aparecen en el lenguaje coloquial introduciendo frases u oraciones y prescindiendo como enlaces de sus valores gramaticales concretos y más usuales.

3.A.3.a. La conjunción generalmente adversativa *PERO* (a veces concesiva) es una partícula expletiva, sin valor de oposición, en:

⊙Lucio miró a los otros. Les dijo:
—*Pero* cuidado que hablan ustedes. (Jarama, 112)

⊙—Ay, llama tú, por favor, Federico, qué horror; Dios mío.
Le salió una voz casi de llanto. El se puso más cómodo y al moverse le dio náusea.
—*Pero* parece que te he raptado, yo no te he raptado.
(EV, 172)

⊙—Contará cómo algunas le vienen a pedir que las haga abortar.
—*Pero,* hija, eso no está bien, eso es pecado. (Ciudad, 62)

Aparece muy frecuentemente precediendo a preguntas y respuestas, como introductora de la reacción del hablante ante el hecho o las palabras del interlocutor:

⊙Mauricio estaba de pie junto a la mesa de ellos. (...)
—*Pero* ¿qué hacen esos niños? (Jarama, 112)

⊙P.P.—Bueno, Patita seguía con la manía del dormido y del despierto. (...)
Dr.—*Pero* ¿cuáles eran sus planes para el futuro? (LG, 231)

En realidad, la partícula conserva de su valor original un matiz, si no exactamente adversativo, sí de contraste, que se produce con su sola aparición inesperada en el conjunto hablado.

En la leve objeción impaciente y en las frases de protesta, *PERO SI* equivale a «Pues si»; el matiz de impaciencia o protesta viene dado por el «si» y reforzado por los expletivos («pero», «pues»):

⊙—¡Mi hijo, mi hijo! ¡Que he llegado a casa y me lo he encontrado muerto!
—A ver, extiéndalo aquí.
Extienden al chiquillo y el chiquillo se despereza, se restriega los ojos con el puñito cerrado.
—*Pero si* este chiquillo no tiene nada; *pero si* este chiquillo estaba dormido.
—*Pues si* yo lo he visto con los ojos cerrados, y lo había dejado jugando. (Ciudad, 62)

3.A.3.b. También *CONQUE*, precediendo a preguntas o encabezando oraciones después de pausa, pierde su valor de conjunción consecutiva y aporta un matiz de evidencia expresiva o insinuante:

⊙—*Conque* por Madrid, ¿eh?
—Pues, sí, ya lo ve... (Café, 16)

⊙—*Conque* conforme íbamos orilla el camino viene un carro, que era el tío Perico, el padre la Ignacita, que volvía de La Moheda.

3.A.3.c. La conjunción coordinante copulativa por excelencia: *Y,* en principio de período o después de pausa, inserta la frase que encabeza en un contexto sentido, pensado o imaginado, expresado o no:

⊙—Bueno, adiós, que es muy tarde. *Y* a ver si eres bueno.
(EV, 108)

⊙—¿Yo, yo?
—¡Sí, tú! ¡*Y* cállate de una vez! (Ciudad, 42)

⊙Don Pablo pasea su mirada por el café. (...)
—*Y* lo cariñosos que son los gatos. (L.C., 21)

⊙—Nadie daba razón de Galli. *Y* ésta es la hora en que no se
sabe si lo mataron (...) o si sigue vivo y coleando (...). *Y*
otra cosa no, pero desde luego Galli Constantino era un tipazo.
(5HCM, 139)

Encabezando oraciones interrogativas aparece como una añadidura que aporta intencionalidad al contenido que enlaza:

⊙—¿*Y* éste?
—Un buen tío. De lo mejor. (Jarama, 117)

⊙—Pues, sí, ¡claro que me pasa!
—¿*Y* qué le pasa a usted?
—¿*Y* qué me va a pasar? Lo de siempre. (Café, 49)

⊙Evaristo, el muy frescales, me planta una manaza toda peluda
en la pierna y venga a decir: «¿*Y* tú qué dices, nena?»
(5HCM, 138)

⊙—¿Todo?
—Todo, sí, señor.
—¿*Y* tu novio, qué me haría? (L.C., 165)

3.A.3.d. La conjunción *SI,* átona en todos sus usos, no tiene
valor condicional, matiz causal ni ningún otro matiz o valor
predeterminado cuando actúa como enlace coloquial de relleno: suele dar un ligero matiz de protesta o de evidencia a la
exposición del hablante:

⊙—¿Cómo se llama usted?
—*Si* a mí ya me han visitado muchas veces, señorita.
—Bueno, pero ¿cómo se llama?
—¡Huy, *si* a mí el doctor me conoce más, señorita...!
—Es igual; dígame su nombre.
—*Si* yo estoy guardada en ese cajón, señorita; *si* usted, seño-
rita, me ha sacao infinidad de veces de ahí dentro.
(Ciudad, 56)

74

Frecuentemente, la conjunción está reforzada por el adverbio (esta vez de contraste) «no», que la precede:

⊙—*No, si* nosotros no creo que terminemos, *si* me quiere mucho.
(EV, 19)

⊙—Vaya, lo que faltaba ahora. *No, si* nos va a dar la tarde.
(ATB, 168)

Forma sintagma de valor unitario introductor con el adverbio «como»:

⊙La señora aburguesada protesta de la miseria y suciedad de los demás.
—¡*Como si* aquello no fuera un dispensario de pobres! —refunfuñan éstos, los demás. (Ciudad)

Precede a menudo a enunciados con valor de justificación:

⊙—No sé qué manía les has tomado sólo verlas, habrán dicho que eres un grosero.
—*Si* es que me pone malo esa voz tan tonta que sacabais las tres hablando de mí. (EV, 87)

M. Seco explica este tipo de construcciones como originariamente condicionales, con elipsis posterior. Hoy damos entonación de oración independiente a estas oraciones con la conjunción expletiva («si»).

3.B. *Otros soportes conversacionales*

3.B.1. Se diferencian de los enlaces coloquiales en que son sintagmáticamente independientes de la enunciación que introducen (que suele ser una especie de explicación justificatoria de su presencia):

⊙—¿Decías algo?
(...)
—No, no, *nada*, estaba echando unas cuentas. (Café, 36)

⊙—¿Qué le pasa?
—*Nada;* que abortó. (PD, 90)

⊙—¿Qué ha pasado?
—*Nada.* Una pequeña bronca.
(...)
—¿Qué se ofrece?
—*Nada.* Venimos a poner una denuncia. (Ciudad, 25)

⊙—Anda, si está ahí Manolo Torre.
—¿Quién?
—*Nada,* Manolo Torre, un chico que le gusta a Goyita.
(EV, 68)

Esta partícula expletiva, *NADA,* es tan usada como respuesta rápida que da paso paradójicamente a una explicación que, si nos paramos a reflexionar sobre alguno de los ejemplos, veremos cómo en ocasiones aparece en enunciados altamente significativos (que son «Mucho»). Para Pascual Duarte, un hecho terrible como puede ser el aborto de su mujer se explica inicialmente con «nada»; en el último ejemplo aparece referido a persona, donde correspondería mejor «nadie» (podría entenderse: «no decía *nada:* Manolo Torre, ...»).

3.B.2. A veces con un sentido resumidor, pero más frecuentemente como simple introductor de enunciados sin valor conclusivo, se emplea *TOTAL:*

⊙—Se lo vengo diciendo: No fumes, chico, no fumes, tengamos la fiesta en paz. ¿No ves que esto está reservado para no fumadores? Y dale, que no te quieres enterar, que algún día se va a armar la gorda. Ya verás, ya, en cuanto aparezca el revisor, o uno de estos vejestorios que andan por aquí empiece a rezongar... *Total,* que, ¿sabe usted?, pasó todo como yo se lo dije. (ATB, 79)

3.B.3. También *EN FIN:*

⊙—Pues... No sé... Se me fue el santo al cielo... No sé lo que iba a decirle... *En fin,* ¡ya me acordaré! (Café, 18)

⊙—Yo le digo que yo soy una gran profesora, diplomada internacional, con tesis doctoral hecha, no publicada, eso sí, porque, *en fin,* usted debería saber que cuesta mucho publicar y que, en este país, no se ayuda a la investigación como se debiera. (ATB, 63)

3.B.4. La frasecilla *O SEA* se ha convertido hasta tal punto en apoyatura o soporte conversacional, como muletilla repetida sin ton ni son muchas veces por los hablantes que no sólo aparece en los contextos más variados sin el valor de pretendida igualdad que originariamente tenía, sino que la encontramos introduciendo enunciados claramente contradictorios también:

⊙—Es verdad que las nuevas técnicas, el nuevo desarrollo han tirado a la basura muchos viejos conceptos, *o sea,* vamos, la desmitificación, *o sea,* eso. (ATB, 259)

⊙Dr.—El Bisa dejó de ser el amo de la casa y tu hermana tomó las riendas, ¿no es así?
P.P.—Bueno, sí, *o sea,* no, doctor, no se piense que el viejo cedió en seguida. (LG, 107)

⊙Dr.—Y ¿qué sucedió con la bombilla?
P.P.—Con ella, *o sea,* nada. (LG, 34)

⊙—Mi casa es como todas, *o sea,* distinta. (LG, 15)

3.B.5. También con *BUENO* y *HOMBRE* se comienzan numerosas frases, a modo de respuesta rápida, como ocurre con «nada», que permite un titubeo sin ruptura en la comunicación:

⊙—No sabemos cómo empezar la conversación. Varios *bueno, bueno,* qué buen día hace, ¿es que a su piso no llega la calefacción? (ATB, 33)

⊙—¿Y cuál es el suyo (su cometido) como asesor especial del presidente (señor Calvo Sotelo)?
—*Bueno...* Esto de los asesores es relativamente reciente. (...)
(Rev. *Interviú,* 15-21 septiembre 1977, pág. 16)

⊙—Si no la devuelvo hoy la devuelvo mañana, y si no, la semana
que viene, y si no...
—*Hombre,* esto tampoco.

(En realidad, la inclusión de «hombre» como vocativo concede
al término un cierto valor apelativo autoafirmante.)

3.B.6. Pueden incluirse aquí también esas expresiones más largas que dan paso a una nueva observación u ocurrencia del
hablante, aquellas otras que introducen la vuelta en el discurso
a alguno de sus aspectos abandonados, etc.:

«Por cierto»
«A propósito»
«A todo esto»
«A lo que iba»
«Como te iba diciendo»
«Cambiando de tema»,
Etc.

4. FORMULAS INESPECIFICATIVAS QUE COMPLETAN EL SENTIDO DE UN ENUNCIADO O DE UNA ENUMERACION

4.1. La lengua coloquial dispone de diversas expresiones estereotipadas (auténticos «rellenos conceptuales») que evitan al
hablante concretar o detallar el sentido de un determinado enunciado, dejándolo insinuado al interlocutor por la suma de la
fórmula más de lo que la precede. Se trata, pues, de fórmulas
de imprecisión que aparecen cerrando la frase, en las que el
léxico queda difuminado y el significante reducido a una estructura que se repite sin otro significado que el de estereotipia
básica de remate:

⊙—Por cierto, en la cafetería, para que usted me diga luego
que si tal y que si cual, aquellos camareros que son de allí y

que se chulean de acompañar a las turistas a todas partes, ninguno sabía dónde estaba Santa Olaya. (ATB, 210)

(Con la fórmula, el hablante evita concretar lo que solía decirle su interlocutor; por lo que dice después, se desprende que le reprochaba su ignorancia.)

⊙ —Porque ustedes no se fijan en que el niño no tiene conocimiento aún, y eso de los cristales... Sí, sí, quien rompe paga... Y *lo que sigue.* Pues estaría bueno, irme sin pagar, (...).
(ATB, 101)

(La fórmula equivale aquí a «y lo que hace falta».)

⊙ —Pues que las películas, que si Michele Morgan, que si la Ava, que si la tal... Que todas tienen un perro (...). Y Queta, *pues eso.* (ATB, 147)

(Está implícito en «pues eso»: naturalmente que tenía un perro también, no iba a ser menos, ella quería parecerse a esas mujeres.)

⊙ —No hagas caso a esos mandrias que hablan de la sociedad de consumo *y tal y tal.* (ATB, 223)

(La fórmula no se refiere aquí a la enumeración de otras cosas sobre las que hablan, sino a lo que esos mandrias se atreven a decir de la sociedad de consumo.)

⊙ —Pero le movilizaron y le llevaron a un cuartel, para servicios auxiliares *y así,* pero lo que pasa en la guerra (...).
(5HCM, 65)

(El personaje carga en la añadidura todas esas connotaciones despectivas que le sugieren los «destinos» que no hicieron a cartucho y granada la guerra.)

⊙ —Que el matrimonio será un sacramento *y todo lo que tú quieras,* pero el noviazgo, cariño, (...). (5HCM, 85)

(En «y todo lo que tú quieras» está encerrado, eludido, todo lo
que el matrimonio significaba para Mario, interlocutor pasivo
de Carmen.)

⊙—Hay que ver cómo les defiende, yo no sé si tendría un abuelo,
o así, pero diga lo que diga, los negros (...). (5HCM, 167)

(«O así»: o algún otro pariente o amigo negro; esto justificaría
su obstinada defensa de la raza.)

⊙—Dos culillos de mal asiento, inadaptados *o eso*, que para algo
están ahora tan de moda. (5HCM, 152)

⊙—Es que yo le he contado, ¿sabes?, que siempre me has ayudado a aprobar *y todas las cosas*. Lo salada que eres.
(EV, 65)

⊙—Oye, ¿a ti qué te parece de la Mely?
—¿La Mely? ¿En qué sentido?
—Si te resulta simpática *y esas cosas;* no sé. (Jarama, 64)

⊙—A los pocos días, estaba financiado oficialmente mi trabajo,
se cotizaban mis correajes a altos precios en subastas, no se
vaya usted a creer, rifasparty con cuerpo diplomático *y toda
la pesca,* y hubo alguna (...). (Mundo, 82)

⊙—Y en una barbería se habla mucho; más de lo que hace falta.
Y como tienes que aguantar que anden diciendo *esto y lo
otro y lo de más allá.* (Jarama, 37)

4.2. Las mismas fórmulas y otras variadas aparecen terminando
enumeraciones, eludiendo con su presencia la suma de nuevos
términos, y dejando a la imaginación del oyente que aporte todo
aquello que se deja de decir y que pudiera desprenderse de lo
ya mencionado:

⊙—Y los vecinos se quejan por mis experimentos en vivo: que
si hay que dormir, que vaya horitas, *que si patatín, que si
patatán.* ¡Dormir! (ATB, 27)

⊙—Anda, con lo que nos ha costado darte la carrera; y ahora
que podías ayudarnos, esa lagartona, *y venga y dale y duro
que te pego.* (ATB, 20)

En estos dos primeros ejemplos, el hablante se introduce sub-
jetivamente en lo descrito, expresando su fastidio por el hecho
(la protesta de los vecinos y la queja de los padres, respectivamente).

⊙—Pues que si fue mucha cena, que si bailó demasiado, que si
los puros de las danesas, *que si tal que si cual.* (ATB, 35)

⊙—Porque en mi casa, de eso de juergas y fiestas nocturnas e ir
a los Sanfermines *y así,* que de eso ni tanto así, ¿eh?
(ATB, 104)

⊙—Y que si el de más allá (ha hablado) sobre las mujeres en la
conquista de América, o sobre la producción hidroeléctrica
y el sedimento femenino del caudal, *y tal por cual.*
(ATB, 194)

⊙—Esas cosas sólo ocurren en sitios bajos, como la Deuda Pú-
blica, la Universidad, *y así.* (ATB, 232)

⊙—(Mi madre) Quisiera verme casada, con hijos *y tal,* pero, de
momento, no pienso en esas cosas.
(Maite Sancho, en *Diario 16* —contraportada—, 14 enero 1978)

⊙—Ahora no es como antes, todo el mundo preocupado por el
parecer, la murga de tener que ser de la misma clase y las
familias tales con las familias cuales *y tararí tararí,* ya me
entiendes. (Mundo, 97)

Como es costumbre en las enumeraciones, el último término
(la fórmula, en este caso) va precedido de la conjunción «y»,
que cierra la lista de añadiduras.

W. Beinhauer explica la predilección del lenguaje coloquial
español por las enumeraciones como respuesta a la necesidad
que el hablante experimenta de evidencia gráfica: con la no
concreción conceptual se consigue en estos casos evidenciar la
existencia de ese «algo más» a que el relleno solamente alude.

TERCERA PARTE

INTENSIFICACION DE LA CUALIDAD

Una de las tendencias más acusadas del español hablado (donde se muestra quizá con más riqueza que en la mayoría de los idiomas) es la de sustituir palabras y expresar conceptos unitarios por medio de rodeos o perífrasis. Rodeos que en este caso no obedecen a imperativos del hilo discursivo ni a una estereotipia básica que acude a la boca del hablante inesperadamente, como suele ocurrir en las que llamamos «expresiones de relleno». Por el contrario, constituyen rasgos de algún modo intencionados de relevancia del contenido o de alguna de sus partes: el hablante elige de entre las muchas opciones que existen aquella que es más expresiva de lo que él quiere comunicar, de acuerdo con su disposición subjetiva de ánimo. La perífrasis permite sin duda la extensión del campo opcional y es uno de los procedimientos básicos de énfasis e intensificación en el lenguaje hablado.

Nos fijaremos específicamente en las formas de relieve de la cualidad. Evitaremos las intensificadoras de cantidad (que son tantas veces las mismas) con el fin de limitar el campo de estudio que, de otro modo, sería amplísimo.

Nos ocuparemos de aquellas formas intensificadoras de la cualidad que son fijas, clichés ya, en el lenguaje hablado. Nacidas todas del deseo de relevancia expresiva del hablante, difícilmente, con el tiempo, podrán resistir al desgaste léxicoexpresivo, dando o dejando paso a acuñaciones nuevas. Sin embargo, más difícil es quizá que se eliminen sin más estructuras expresivas profundamente arraigadas en el caudal lingüístico del hablante medio.

Hoy, en efecto, pretende ser más expresivo «coño que si lo sabía, no tiene disculpa», que «vamos que si lo sabía, etc.». Esto no significa ni va más allá de una mera sustitución léxica: el tiempo gramaticalizado del verbo *ir* da paso al término todavía hoy malsonante, mucho más intenso. También con el tiempo, a fuerza de repetido, este término será menos expresivo que otros y sustituido en ocasiones o paulatinamente por ellos. Sin embargo, subyace la estructura relevante con «que si», de manifestación abundante, sola o acompañada de términos tópicos que la anteceden.

Este procedimiento de reproducción de una estructura con la que se está suficientemente familiarizado es bien conocido y frecuente en el lenguaje usual, que, como en nuestro ejemplo, reproduce estructuras tópicas alterando sus términos léxicos (a veces también tópicos) en busca de la expresividad.

Los distintos procedimientos que estudiaremos de intensificación de la cualidad nos vienen dados desde dos aspectos expresivos distintos: la ponderación o mera relevancia y la intensificación propiamente dicha. Algunas de las formas participan de ambas condiciones y hacen difícil la distinción; por otra parte, las ideas de cantidad, grado e intensidad se entrecruzan frecuentemente. En términos prácticos, diremos que los procedimientos de intensificación de la cualidad propiamente dicha originan una expresión en que pueden ser sustituidos por «muy» (intensificador estándar —o normal, sin anglicismo— de la cualidad en sentido absoluto), sin deterioro o alteración en el significado de dicha expresión, aunque sí, sin duda, para sus matices intencionalmente significativos. En ocasiones la gradación imposibilitaría la sustitución por «muy», pero al entender la fórmula relacionada, al menos significativamente, con la cualidad expresada o entendida (en uno u otro grado), el sentido es el mismo.

Tanto unas fórmulas como las otras suelen ir acompañadas en el coloquio de entonación exclamativa, o de una especial entonación en algunos casos, no exactamente exclamativa, que evidencia, más allá del contenido objetivo del mensaje, el espontáneo énfasis expresivo del hablante.

Al intentar ordenar el material nos hemos encontrado, como antes, con dificultades de tipo terminológico y, sobre todo, de organización.

Ya vimos que los recursos intensificadores de la cualidad son en su mayoría perífrasis. Pero si consideramos en sentido estricto la perífrasis como un «rodeo que se emplea para expresar un concepto único» *(Diccionario de términos filológicos),* algunas de las fórmulas no pueden considerarse tales, pues no alargan la expresión intensificada. Así, por ejemplo, en «es bien guapo» o «qué guapo es», los dos sintagmas son sustituibles por «es muy guapo», pero no son virtualmente más largos que éste. Y esto no nos soluciona gran cosa, puesto que de todos modos no nos permite establecer diferenciaciones en el material seleccionado. Lo mismo ocurre con el epígrafe «locuciones», tomado en su acepción de «fórmulas fijas», que restringiremos a determinadas circunstancias, puesto que son esquemas fijos perfectamente vivos en el lenguaje coloquial todos los que estudiaremos. Prácticamente todos también alteran la estructura normal de modificación del adjetivo mediante el adverbio, y ésta es en cierto modo su finalidad. Hemos establecido, pues, una clasificación provisional no muy tajante, que obedece más a matizaciones de tipo externo que a otra cosa, resultando de ella más una descripción que una clara sistematización.

1. CONSTRUCCIONES PLEONASTICAS INTRODUCIDAS POR FORMULAS ESTEREOTIPADAS

Son en su mayoría recursos enfáticos de ponderación y, como tales, constituyen muchas veces refuerzos afectivos de afirmación o negación de lo expresado por el verbo e, indirectamente, de la cualidad. Con ellas se confunden en la expresión los límites entre cualidad y cantidad.

W. Beinhauer clasifica algunas de estas construcciones como respuestas enfáticas de afectividad. B. Steel incluye estos y otros modos de intensificación de la cualidad que también veremos bajo el epígrafe «affirmative responses and reinforcements» (página 58). No es éste necesariamente el caso de nuestros intensificadores, puesto que pueden aparecer sin violencia en un mismo interlocutor, a modo de reflexión hecha sobre la gradación subjetiva de la cualidad, como lo demuestra la pausa, y en algunos casos interpolación de cosas distintas, que se hace entre lo repetido y la repetición. Así, por ejemplo, en ATB, 158, encontramos:

⊙—Cuesta mucho vivir, Señor, *ya lo creo que* cuesta.

El hablante está en realidad dando datos de su vida al interlocutor; después de su juicio de valor reflexiona, no considera (quizá por tópica) suficientemente encarecida su terrible verdad (=lo costoso que es vivir) y añade: «ya lo creo que cuesta». En la repetición final omite parte de la anterior expresión, que queda con el pleonasmo suficientemente sobreentendida.

Sin embargo, es frecuente también que aparezcan en respuestas, reforzando efectivamente la afirmación propia o del interlocutor:

⊙—O para tu dicha, ¿qué sabe la gente?
—¿La gente? ¡*Vaya si* lo sabrá! (PD, 131)

1.1. La conjunción *si* aparece en la mayoría de estas construcciones pleonásticas, formando parte de la fórmula estereotipada que sirve de enlace a la repetición. No cumple función sintáctica bien determinada. Su cometido es meramente expresivo, enfático. Así la encontramos también en frases de protesta («si yo no he sido») y de queja («no, si encima me echaréis la culpa a mí»). En las fórmulas pleonásticas de relieve suele aparecer reforzada por la también conjunción *que:*

> *Que si*+verbo
> *Hombre que si*
> *Y cómo que si*
> Imperativos gramaticalizados *(vaya, toma, anda)*+*que si*
> *Vamos que si*
> Variantes: *coño que si,* etc.

O sin el refuerzo:

> *Vaya si*
> *Anda si*
> *Toma si*
> *Hombre si.*

Tanto unas formas como otras alternan en frases verbales con un grado medio de expresividad muy igualado, si exceptuamos las variantes que van surgiendo que, aunque sólo sea por momentáneo contraste, acaparan con cierta mayor facilidad la atención sobre lo que repiten. Las fórmulas con el verbo «ir»: «vaya si», en primer lugar, y «vamos que si» parecen ser las favoritas, de acuerdo con nuestra observación y documentación en las distintas obras; les siguen de cerca las fórmulas con «hombre» y con el verbo «andar».

Generalmente, estas fórmulas estereotipadas encabezan la oración seguidas del objeto directo o, con mayor frecuencia, del verbo. Tienen efecto sobre todo lo que les sigue, que es el pleonasmo, pues ellas copulan los términos repetidos.

1.1.a. La mayoría de las veces, estas construcciones pleonásticas cumplen la condición mínima exigida para ser tales: la simple repetición del verbo (y de su complemento directo o atributo en ocasiones) de la oración repetida, después de la fórmula:

⊙—Eran bonitos, *hombre que si* eran, con un lazo aquí, con un bolsillito aquí... (ATB, 180)

⊙—¿Es alto?
—*Que si* es (con entonación admirativa)

(La fórmula «que si» no aparece con este valor ponderativo en el diccionario de María Moliner.)

⊙—Esta Cuca (...) no es como sus hermanos que saben manejarse solitos, y algunos... *Vamos que si* se manejan, qué me vas a contar a mí. (ATB, 163)

(Aquí hubiera sido suficiente, aunque menos concretizador, «vamos que si saben».)

⊙—A los mandamases que tenían tampoco les fue tan mal, ya ves, se colocaron en Alemania, *y cómo si* se colocaron.
(Mundo, 74)

⊙—Estará rabiosa...
—*Toma que si* está, como que no la ha vuelto a hablar.

⊙—Todavía a mi hermano le apretó un poco más, pero a mí... Demasiado sabía él que al rato ya lo teníamos pasado, *vaya si* lo sabía. Y eso fue todo. (Jarama, 250)

⊙—Le cascó, ¡*vaya si* le cascó!, sin pararse a pensarlo dos veces.
(Ciudad, 107)

1.1.b. Algunas veces, las menos, la construcción repite además del verbo todo lo que le sigue:

⊙—Pero se le ve venir, *anda que si* se le ve venir.
(5HCM, 116)

⊙—La niña es simpática y resabidilla, *vamos que si* es simpática y **resabidilla.**

1.1.c. Otras, en la repetición se añade algo que matiza la significación real de la parte repetida:

⊙—Bueno, no le voy a decir a usted que apretamos a correr, pero de tempranito... *Vamos que si* era tempranito cuando salimos. A las seis y media nos levantamos. (ATB, 104)

1.1.d. La misma finalidad de matización suelen cumplir los cambios explícitos en la construcción pleonástica:

⊙Dr.—¿Recuerdas lo que hablamos ayer?
P.P.—*Ande que si* no lo fuera a recordar. (LG, 211)

⊙—No fue ella sola, sino mucha más gente se murió, *hombre que si* se morían, a ver, tantas hambres, tantos fríos. (ATB, 206)

⊙—¿Te crees que yo no sé lo que te importo? *¡Vaya si* me lo sé!
(Jarama, 231)

⊙—O para tu dicha, ¿qué sabe la gente?
—¿La gente? *¡Vaya si* lo sabrá! (PD, 131)

⊙—En una casa tiene que haber peleas, *vaya si* las hay, menuda ha sido la de esta mañana. (Mundo, 178)

1.1.e. En ocasiones, la modificación verbal en la repetición está justificada en la necesidad, bien porque el tiempo narrativo lo exige, o porque se refiere directamente al complemento directo y no al sujeto, etc.:

⊙—Tenía buenas notas, *vaya que si* eran buenas, de notable para arriba todas.

⊙P.P.—(...) que me recuerdo que yo pensaba para entre mí, ésta se deja. *¡Y vaya si* se dejaba, oiga! (LG, 129)

1.1.f. La construcción pleonástica queda a veces reducida a la fórmula estereotipada, por elipisis de la repetición o de algo en lo repetido. Creo que, aunque esta forma no está muy documentada en los textos, es de la más usuales en el lenguaje corriente, sobre todo como afirmación afectiva:

⊙—¡Mi madre, qué par de tacos vomitó! En fin, muy impropios de la realeza, *vaya si* lo son. (ATB, 270)

(Elipsis de «que son» en la parte repetida.)

⊙—Menos mal que le gustan las verduras. *Hombre que sí,* si fuera por él no comería otra cosa.

⊙—Que el hábito no hará al monje, pero impone, *vaya que sí,* estoy cansada de verlo. (5HCM, 159)

⊙—Este argumento de los puntos era capaz de convencer al más pintado. *¡Vaya que sí!* (Ciudad, 44)

1.1.g. Algunas veces aparecen también estas fórmulas formando parte de una construcción que no es propiamente pleonástica en su forma externa, pero que se siente como tal, puesto que de algún modo repite lo que se venía dejando entender o resume lo que se quería concluir:

⊙—La tranquilidad, hijita, *vaya si* la tengo merecida.

(ATB, 195)

⊙—Luego que vengan diciendo que no tiene uñas y manos, y te descuaja hasta los árboles. A ver si el agua, según es ella por sí misma, va a poder hacer eso alguna vez.
—No se diría —dijo Amalio el pastor.
Los miró sonriendo en silencio (...).
—*Vaya si* es bravo cuando quiere —decía, columpiándose en su garrota—; da su guerra, para ser ese río que es. (Jarama, 322)

1.2. Otras construcciones pleonásticas utilizan formas estereotipadas bien conocidas también por el hablante medio:

⊙—Hoy hace mucho frío, ¿no cree? Y yo: «Sí, mucho, ¡huy!, *ya lo creo que* hace.» (ATB, 182)

92

W. Beinhauer considera la cláusula *ya lo creo que* como un medio más directo que otros de afirmación o confirmación afectiva, cuya fórmula (como observa L. Spitzer) está tan petrificada que permite la construcción:

—¿Es guapa?
—Ya *lo* creo que *lo* es.

⊙—Muy bien, *pero que* muy bien. (L.C.)

⊙—No quiere reconocer que es viejo. *Y tan* viejo; tiene ya 88 años, aunque no lo parezca.

1.3. Aunque estos descritos son los esquemas pleonásticos más usuales, no significa que el hablante medio —que muestra una rica movilidad cuando se vale de recursos que conoce bien— se limite estrictamente a ellos. En su búsqueda de mayor expresividad el hablante puede mezclarlos, acumularlos:

⊙—Pues ahí tiene usted lo que la necesidad aprieta y obliga, *vamos, hombre, que si* aprieta. (Mundo, 192)

⊙—Claro que es rica, *hombre, anda, vaya que si* lo es.

⊙—Sí, que yo fui una vez y me clavaron, *vaya si* me clavaron, *ya lo creo que* me clavaron. (Ciudad, 62)

o, más creativo, emplear otros distintos.

1.4. Como podemos observar, en ocasiones el intensificador estándar que podría sustituir a estas fórmulas es «mucho» y no «muy», aunque no por esto pueden dejar de aparecer en un contexto en que el posible sustituto sea «muy». La ejemplificación casi indiscriminada está justificada por la abundancia de este tipo de fórmulas; y, sobre todo, porque al ir todas ellas (a excepción de «y tan») acompañando directamente al concepto verbal, hacen al oyente percibir la intensificación sobre una base conceptual global, sin distinguir claramente si ésta es más propiamente cuantitativa o menos: pues, en definitiva, cuantitativa (no contable) es la intensificación de la cualidad.

En general, la elección de una u otra fórmula para la repetición no se hace con criterios rigurosos, puesto que, ya lo dijimos, todas alternan en frases verbales con un grado medio de expresividad muy semejante. Algunas, sin embargo, por menos frecuentes, resultan ligeramente más expresivas que otras, en fase de desgaste ya, aunque todavía no de desaparición. Así ocurre, por ejemplo, con «y cómo que si», donde la conjunción copulativa «y» es necesaria, pues la misma fórmula sin ella es frecuentemente utilizada en interrogaciones retóricas con un cierto matiz de rechazo:

⊙—Hombre, pero te quiere ¿no?
—¿Cómo que si me quiere? Ni ver, creo yo.

El uso de las fórmulas gramaticalizadas que hemos visto está casi restringido al de construcciones pleonásticas de este tipo. Sin embargo, no pierden su condición de enfatizadoras en otros contextos, en que el relieve dado por la fórmula se traduce en ironía, autoafirmación, etc.

2. LOCUCIONES

En el *Diccionario de uso,* de M.ª Moliner, encontramos:

«Locución. (fem. Esta palabra podría, por su forma, ser la designación adecuada para un trozo de lenguaje de cualquier extensión, diciendo, por ejemplo, "al terminar su locución, me miró buscando mi asentimiento". V. en LENGUAJE observación sobre la falta de un término con ese valor. Pero el DRAE no le asigna este significado.) • Expresión pluriverbal de forma fija que se inserta en el habla como una pieza única, constituida por una oración simple o compuesta o una parte de oración. Se emplea particularmente en las expresiones *locución adverbial, locución conjuntiva* y *locución prepositiva,* con las que se designan respectivamente adverbios, conjunciones y proposiciones pluriverbales.»

El *Diccionario de términos filológicos,* de Lázaro, recoge el concepto de J. Casares:

«Locución. Combinación estable de dos o más términos, que funcionan como elemento oracional y cuyo sentido unitario, familiar a la comunidad lingüística, no se justifica, sin más, como una suma del significado normal de los componentes.»

De acuerdo con cualquiera de las dos definiciones, «locuciones» son todas y cada una de las fórmulas estudiadas (y otras que estudiaremos), en su calidad de formas fijas con sentido unitario. Todas ellas son, además, familiares para la comunidad lingüística, que las percibe y reproduce más o menos inconscientemente.

Nosotros hemos reservado este término para designar determinadas fórmulas fijas de sentido unitario que, aun no pudiendo justificar éste por la suma del significado normal de sus componentes, son significativamente autosuficientes. Esto es, constituyen algo más que un mero soporte significativo de realce; tienen identidad independiente en el mensaje, pueden aparecer aisladamente sin merma de la expresividad, y están más cerca de la lexicalización que de la mera gramaticalización. Todas son, pues, locuciones dotadas de significación, tópicas en el lenguaje hablado, de recurrencia varia y frecuente.

2.A. Locuciones que soportan básicamente el significado y, por su carácter, no sólo ofrecen en él la cualidad, sino también la gradación cuantitativa implícita de esa cualidad. Constituyen en realidad sustitutos significativos de ambas cosas.

2.A.1. *Locuciones adjetivas comenzadas con «que»:*

— *Que para qué*
— *Que ya ya*
— *Que bueno*
— *Que no vea(s)*
— *Que válgame Dios*
— Etc.

B. Steel considera «expresión elíptica» la primera y la incluye entre las «sustituciones metafóricas de los intensificadores 'muy, tan, mucho', e incluso de los adjetivos básicos y adverbios que denotan talla o calidad (grande, bueno, malo, bien, mal»)[1]. (La traducción es mía.)

Cita Steel dos ejemplos de «que para qué»:

⊙—Tengo un hambre que para qué. (Moliner)

⊙—Su hijo es un gandul que para qué. (Moliner)

En el segundo de los ejemplos citados por Steel, en que la clausulilla consecutiva va directamente atribuida al adjetivo en función sustantiva, «gandul», pudiera acaso aquélla considerarse sustitución del intensificador «muy»: su hijo es un gandul que para qué=su hijo es muy gandul (menos expresivo). Sin embargo, lo más frecuente es que la fórmula aparezca con sustantivos simples, indicando cantidad (como en el primer ejemplo de Steel) o intensificando la no expresada, pero sí reconocida por cualquier hablante español, cualidad. Encontramos, pues, en ésta y las otras expresiones citadas que comienzan con «que» la suma de la expresión de una cualidad no deter-

---

[1] En su *Manual*, pág. 186.

minada, más la indicación implícita de una gradación aumentativa, o más propiamente ponderativa, de esa cualidad:

⊙—Cada año, así que empezaban las heladas fuertes, me entraba una temblequera *que para qué.* (LG, 211)

⊙—Es que no hay cosa igual, con unos conjuntos musicales y unos grupitos folklóricos *que para qué,* y, bueno, luego, de ambiente, no veas. (Mundo, 95)

⊙—Le aseguro que le pregunté lo de las llaves con unos modos *que ya ya.* De lo más suaves, vamos. (ATB, 107)

⊙—Y es que menuda vocación tengo yo para enseñar. Un impulso *que ya ya.* Bueno, un cohete, un bólido, una exhalación.

(ATB, 65)

⊙—Tiene un hijo *que bueno:* es guapo, listo, todo, lo tiene todo.

⊙—Llegué a la edad en que los chicos comienzan a sacar los pies de las alforjas con una fama *que no vea.* (Mundo, 156)

⊙—Oye, ¿qué tal te come (tu niño)?
—¡Uf! Comer come *que no veas:* un plátano, una pera, una manzana, dos naranjas (...).

⊙—Y armaron una trifulca *que válgame Dios.* Así que decidimos que lo mejor era irse al cine y nos fuimos a ver «2.001: Una odisea del espacio», ahí al Conde Duque.

⊙—Hay por ahí un fulano con unas intenciones *que válgame Dios,* un tal Alonso Vicente. (Mundo, 89)

⊙—Tiene cada ocurrencia mi prima Salud, *que para qué te voy a contar.* (Mundo, 59)

⊙—Mira, le han puesto en un momento *que bueno,* para qué te voy a contar.

W. Beinhauer explica los ponderativos «que para qué» y «que ya ya» como oraciones consecutivas sólo iniciadas, esto es, con elipsis. En algunos de nuestros ejemplos la fórmula va seguida de dos puntos que dan paso a una especie de explicación de lo que quiere expresar con su presencia, o a la causa que provoca tal expresión ponderativa. En otros casos puede,

97

en efecto, suponerse en la expresión una elipsis de toda esta explicación que no aparece; pero esto es innecesario, puesto que las fórmulas, aisladas, son autosuficientes para inferir al oyente todo lo que el hablante no explica, e incluso más: todo lo que él quiera imaginar, pues parecen muchas veces ponderar lo imponderable.

M. Seco, en su recopilación de «vocabulario popular» de Arniches, recoge «que ya ya» como «frase adjetiva que denota desaprobación. 'Estoy temblando... Porque la verdá es que se encarga de unas comisiones *que ya ya*'. La Ac. recoge la 'interj. fam.' *ya,* de la que dice que, repetida, expresa 'idea de encarecimiento en bien o en mal'». Nosotros tenemos la expresión recogida dos veces en ATB como ponderación positiva y no en sentido negativo. Sin embargo, como Seco señala, es frecuente encontrarla denotando desaprobación o carácter negativo en la atribución a la cualidad.

En general, todas las expresiones citadas pueden tener sentido positivo o emplearse para lo contrario. En el último de los ejemplos no puede entenderse uno u otro sin contar con el contexto: ¿le han puesto verde de hoja perejil o le han puesto por las nubes? Algunas de las expresiones suelen aparecer con preferencia en connotaciones negativas: que ya ya, que válgame Dios (es lógico, por su significado de petición de ayuda). La intensificación tiene lugar por el hablante al echar mano de fórmulas usuales y bien conocidas, a las que él da un sentido más o menos positivo o negativo, que el oyente o interlocutor percibe de acuerdo con el contexto hablado.

2.A.2. *Locuciones comenzadas por la preposición «de»*

El procedimiento ponderativo que emplea una estructura comenzada por la preposición «de» y seguida por una o varias palabras es harto frecuentemente usada por la lengua coloquial como recurso de expresividad. Aunque los hablantes tienen

98

preferencias determinadas en la elección léxica de la parte que sigue a la preposición, es corriente la variación terminológica en ésta, pues el margen de una estructura permite siempre el trabajo de la imaginación que, por medio del reconocimiento (de esa estructura) y del contraste (léxico), persigue el logro de una mayor expresividad. Veremos a continuación algunas de las estructuras más frecuentes.

2.A.2.a. *De*+frase preposicional

> De aúpa, de cuidado, de miedo (espanto, horror), de campeonato, de órdago, de primera, de sobra(s), de maravilla, de perlas, de rechupete, de perros, de ensueño, de novela, etc.

Son las expresiones que W. Beinhauer trata como «genitivo objetivo» (pág. 270 de *Español coloquial*):

⊙—Es una egoísta *de cuidao.*

⊙—¡Venga, no seas pelma! Me parece que a ti lo que te vendría *de primera* es que te espabilases. (L.C., 126)

⊙—Sí, un fracasado *de aúpa,* soy un don nadie. (Mundo, 155)

⊙—¿Tú crees?
—¡Vaya si lo creo! ¡Lo sé *de sobras!* (L.C., 152)

⊙—Yo tengo un amigo canario, un ligón *de campeonato,* que no vea usted cómo se las está pasando. (Mundo, 20)

⊙—Me tiene loco. Lo mío con ella es *de novela,* te lo juro, de novela de Dostoyevski. (EV, 102)

⊙—Ya; es que es una friolera, ¿mi madre?, uh, algo *de miedo.* (EV, 16)

⊙—La subida de puntos trajo consigo una ola de casamientos (...) *de miedo.* (Ciudad, 43)

⊙—Y creo que es un tipejo que también escribe en los periódicos, un pelmazo *de órdago la grande,* sí, mujer, ése. (Mundo, 30)

⊙—Es una pena que no quiera. Lo hace *de maravilla, de maravilla.* (EV, 166)

⊙Etc.

2.A.2.b. *De*+frase nominal

De lo lindo, de lo mejorcito, etc.

⊙—No sé si tú estarás de acuerdo, supongo que sí, que aunque piensas como piensas, eres consciente y tú también has pringado *de lo lindo.* (Mundo, 87)

⊙—Y toda la familia pendiente de que tú vieras el mar, y a ti el mar, en ese instante, pues que te amolaba *de lo lindo.*

(Mundo, 115)

⊙—Como mujer es *de lo mejorcito,* no te quejes.

⊙—Se puso *de lo más* tonto, él es el culpable de que nos viniéramos, ya lo sabes.

2.A.2.c. *De*+frase de infinitivo

De chuparse los dedos, de caerse para atrás, de caerse de espalda(s), de morirse, de quitar el hipo, de quedarse loco, de no creerlo, de troncharse, etc.

⊙—Es uno de mis actores favoritos; tendrás que reconocer que está *de chuparse los dedos,* como los macarrones.

⊙—Tiene unas salidas... *de caerse pa atrás.*

⊙—Este Juan de Dios es *de armas tomar.* (Ciudad, 80)

⊙—Y he visto un chevrolet *de quitar el hipo.*

⊙—También es que tiene cosas *de morirse,* hay que ver lo bien que lo cuenta todo.

⊙Etc.

2.A.2.d. *De*+verbo conjugado

De no te menees, de aquí te espero, de mírame y no me toques...

⊙—Oye, cuidado con esa figura, que es *de mírame y no me toques.*

⊙—Bueno, ¿y qué? Ayer estuvimos en una conferencia *de aquí te espero,* y si no entendimos ni torta ¿de qué nos sirvió?

⊙Etc.

2.A.3. *Otras locuciones*

La metáfora y la comparación populares propician sin duda la abundancia expresiva intensificadora de la cualidad. Como medios, permiten la creatividad del hablante y propician la imaginación del interlocutor.

⊙Un hombre con gorra vende goma para bragas. Un hombre que habla catalán, con alguna palabra castellana por medio (...).
—¿Veuen? En un momentet abaix i poden fotre tranquilamente una pixarada *com una casa.* (Ciudad, 111) (Comparación popular.)

⊙—El tiene un cáncer *como una casa.* (L.C., 129)

⊙—Es tan verdad *como que estos ojos se los ha de tragar la tierra.*

⊙—La cosa me parece que ya está al caer (...). Además, tiene el novio enfermo y quiere comprarle medicinas; estas enamoradas son las más fáciles, ya verá usted. Esto *es pan comido.*
(L.C., 144) (Metáfora.)

⊙—La vida está *por las nubes,* eso lo sabe usted tan bien como yo.

⊙—¿Qué tal se te da?
—Bien, esto *es coser y cantar.*

⊙—Angel me ha dicho que querías ver la cocina de mi apartamento, para tomar idea para cuando os caséis.
—Sí, sí, me encantaría.
—Desde luego *es un sol.* Luego vamos, si quieres. (EV)

⊙—Chico, aparca con los ojos cerrados, (se le da) *como el agua.*

⊙—Es una escandalosa. Y una repipi *como la copa un pino.* No la aguanto, palabra. (Jarama, 52)

101

⊙—Asusta pensar los millones de infieles que hay todavía que convertir. Los países de los infieles, deben estar llenos *como hormigueros.* (L.C., 110)

Venimos ocupándonos de las fórmulas y expresiones más frecuentes y conocidas para el hablante medio; la mayoría de las que hemos visto son tópicas. Sin embargo, ya lo decíamos, cualquier expresión es válida si es o puede ser comprendida por el interlocutor; la creatividad propicia la modificación —fundamentalmente léxica— de todas estas fórmulas, conservando su estructura y valor enfático y alterando su inmediato significante. Hasta ahora hemos dado en realidad sólo una pequeñísima muestra de las posibilidades que estos dos procedimientos (metáfora y comparación populares) presentan. Pero podemos encontrar otras muchas expresiones que reproducen los esquemas que hemos visto u otros semejantes; a veces la referencia es semántica: hemos oído «esto es bollo de chocolate» con el sentido de «muy fácil» que tienen también «es pan comido», «como el agua», «coser y cantar». La vida «está por las nubes» (muy cara) y los precios, en las rebajas, «están por los suelos» (muy baratos) o están «que lo tiran». Además de «como una casa» puede escucharse «como un castillo», «como una catedral», «como un palacio», «como un coto de caza» ... Supongo que la última expresión mencionada hace referencia a la extensión mínima necesaria para que un determinado terreno pueda hacerse coto de caza, que no debe de ser muy pequeña. Para expresar que una persona del otro sexo es muy guapa o muy atractiva se puede oír: «está como un tren, para comérselo, de pecado mortal, como un camión (como un tranvía —a pesar de ser un medio en completo desuso hoy—, como un ferrobús). como para una fuga (generalmente en labios femeninos, como si la fuga fuera el colmo del atrevimiento), está que quita el hipo, etc.». Y un largo etcétera [2].

---

[2] Bastante material en este sentido puede encontrarse en *El español coloquial,* de W. Beinhauer.

Naturalmente, la intensificación es más llamativa si se utiliza para ella la hipérbole o la deformación conceptual (el disparate). También estos procedimientos son muy usados en la lengua hablada como énfasis expresivo de lo que se quiere comunicar. Muchos y muy variados serían los ejemplos que podrían aducirse; y de haberlos buscado, muchos seguramente hubiéramos encontrado en los textos de documentación. Pero por esta vez la tarea queda pendiente para una ocasión mejor, en que podamos llevarla a cabo con cierto detenimiento.

2.B. Locuciones directamente atribuidas a la cualidad explícita. Están plenamente dotadas de significación, en cuanto pueden aparecer separadas de esa cualidad a que se refieren; pero son en realidad sus *acompañantes* más o menos directos, puesto que —al contrario que las de **A.**— no albergan en su significado la cualidad, sino sólo su gradación cuantitativa.

Muchas y muy variadas son también las locuciones que caben en este apartado, y, vaya la advertencia por delante, no pretendemos agotarlas.

2.B.1. Una de las más frecuentes es *la mar (de),* con esa referencia de inmensidad marina, intensificada quizá por el uso del femenino, muchísimo menos frecuente que el masculino:

⊙—¿Estás cansado?
—¡Uf! *La mar.*

⊙—Sí señor, sí; un aire es lo peorcito que le puede pasar a un hombre (...). A veces cae *la mar de* bien, pero un aire en situaciones trascendentales es que le digo que así no aguanta nadie. (Mundo, 105)

⊙—El novelista por poco le responde: «Sí, señor, le entiendo a usted *la mar de* bien; fe, esperanza y caridad.» Pero pudo contenerse a tiempo. (Café, 19)

2.B.2. La mayoría de las locuciones ni siquiera tienen referencia semántica de intensidad cuantitativa, como lo hace «la mar», que se pierde de vista en el horizonte:

⊙—Oye, fíjate cómo viene esta pobre gente que entra, es que está lloviendo *con ganas.*

⊙—Es guapo *a rabiar.*

⊙Etc.

2.B.3. Otras, por el contrario, parecen indicar con su significado cantidad, e igual sirven para intensificación numérica que de la cualidad:

⊙—Es *una barbaridad de* amable, te encoge tanto, chico.

⊙—Sabijondo es *una burrada,* pero aburre con tanta pedantería.

Estas locuciones se utilizan, en efecto, más frecuentemente para indicar cantidad: tiene *una porrada de* dinero (=tiene mucho dinero).

2.B.4. Una de las locuciones más usadas, junto con «la mar» es *«un rato»*, generalmente seguida de adjetivo:

⊙—Que tiran un barco al agua, ¡hala!, y no se tuerce, oye, es *un rato* bonito. (Mundo, 29)

⊙—Desprendido y alegre lo es *un rato largo.* Así es como hay que ser. (Jarama, 115)

⊙—¿Ese que mira ahora? Oye, qué mueble bizantino; está *un rato* bien el tío. (EV, 68)

Cuando a la locución la sigue un sustantivo, precede a éste la preposición *de* y suele indicar cantidad: había un rato (de) niños.

2.B.5. En ocasiones, el realce se lleva a cabo por la inclusión más o menos directa de lo realzado en el conjunto total a que pertenece:

⊙—Honrado y bueno *si los hay* era el primo Paquito, el pobre.

⊙—Es insociable *donde los haya;* cuando vamos no sale ni de su habitación, no hace ni ruido para que no le oigamos.

⊙—Si la chica es *de lo más* guapo, y simpática también es *lo suyo,* pero no me convence.

⊙—Sí, si el escondite era *bueno entre los buenos,* no sé yo cómo lo habrá visto.

⊙Etc.

3. PERIFRASIS ORACIONAL

Reservamos este epígrafe para aquellas construcciones en que la fórmula de realce de la cualidad impone el esquema sintáctico que ha de seguir la oración. El resultado es, como con todos los procedimientos que venimos estudiando, una especie de rodeo (propiciado por conocidos giros adverbiales que indican cantidad) para la expresión ponderativa o intensificadora de la cualidad.

Ya M. Seco advierte que «hay una doble forma especial de énfasis muy típica de la lengua popular: la comparación y la consecución» [3]. Ya hemos tratado la comparación «popular» de igualdad. No menos popular es la comparación con «más... que...», que utiliza los recursos semánticos más variados en pos de la expresividad. En Ciudad, 58, encontramos: «Es una mujer que va *más* sucia *que* el palo de un gallinero y que es *más* fea *que* pegarle a un padre.» El hablante usa la metáfora comparativa y la inventa en muchos momentos, de acuerdo con

---

[3] M. Seco, en *Arniches y el habla de Madrid,* pág. 226.

lo que quiere decir. La consecución, por razones lógicas, se presta también a la expresividad con especial desenvoltura.

3.1. *Cada*+sustantivo singular+oración consecutiva

⊙—La Uruguaya es una hembra grande y bigotuda (...), que está enchulada con el chófer de unos marqueses, que le saca hasta el último céntimo y le arrea *cada* tunda *que* la desloma.

(L.C., 151)

⊙—Me arman *cada* trifulca por las noches, *que* ni Cores.

(Jarama, 267)

En estas construcciones el sustantivo singular equivale a un sustantivo plural; esto es, se refiere a un hecho repetido o usual que provoca el comentario. Este comentario que constituye la consecutiva impone a su vez los límites de énfasis a lo que le antecede, a modo de explicación. En realidad, basta con anteponer «cada» al sustantivo singular, sin añadir explicación alguna, para hacerse una idea de qué clase de cosa se trata. Como en los siguientes ejemplos:

⊙—Y se desvivía por tenerme contento y requetecontento. Hasta me subía *cada* desayuno... (Mundo, 84)

⊙—¡Se debe de pasar *cada* berrinche, el viejo! (Jarama, 93)

Entendemos que debe de tratarse de un desayuno especial, por bueno o abundante o ambas cosas; y de un berrinche bastante gordo el que se lleva el viejo cada vez.

3.2. *Lo*+adjetivo/adverbio+frase verbal introducida por *que*

Esta construcción, como la siguiente que veremos, se vale de la nominalización mediante el artículo neutro para conseguir el tono enfático intensificador perseguido.

⊙—Y *lo* cariñosos *que* son los gatos. ¿Usted se ha fijado en lo cariñosos que son? Cuando cogen cariño a una persona ya no se lo pierden en toda la vida. (L.C., 21)

⊙—Sí, tomárselo a risa. ¡Como para reírse!
—Pon vino, anda. *Lo* indignado *que* se pone —dijo Claudio—.
Te está amargando la vida o poco menos el fulano.

(Jarama, 191)

⊙—Vente, tonta, ya verás *lo* bien *que* lo pasamos. (EV, 65)

⊙—Un hombre con gorra vende goma para bragas. (...) Hace la
propaganda de la goma, *lo* elástica *que* ésta es. (Ciudad, 111)

3.3. *Con lo*+adjetivo/adverbio+frase verbal introducida por
que

⊙—¡Pobre Rosario!, qué vida de desgracia llevaba, *con lo* buena
que era. (PD, 154)

⊙—Di, ¿qué quieres que te regale?
—Pero, hombre, ¡*con lo* mal *que* andamos! (L.C., 143)

⊙—Mire usted que tenerme aquí encerrado, y teniendo que hacer
todo a toque de silbato, *con lo* amigo de la libertad *que*
soy yo. (Mundo, 33)

⊙—Bastante si termino el bachillerato. Es muy caro hacer carrera y se tarda mucho. Tú sí harás, *con lo* lista *que* eres.

(EV, 192)

La misma construcción «con lo», seguida directamente por
la frase verbal, indica cantidad: «Es verdad, pobrecina, *con lo*
que yo la quiero» (EV, 163).

3.4. *Otras construcciones*

3.4.a. *Vaya*+adjetivo/sustantivo+frase verbal introducida por
que

Generalmente se usa con intención irónica:

⊙—¡*Vaya* nochecita!, ¿eh? (L.C., 179)

(Ironía realzada en este caso por el diminutivo.)

⊙Sebastián protestó:
—¡*Vaya* listo *que* eres! (Jarama, 74)

Como ocurría con otras fórmulas y como en el primer ejemplo, basta que aparezca el imperativo gramaticalizado del verbo «ir» para que tenga lugar la intensificación:

⊙—¡*Vaya* pachorra, en las mismas narices! (Ciudad, 122)

3.4.b. *No*+frase verbal+*ni nada*

⊙—*No* es zorro *ni nada,* el tío. (Jarama, 74)

La construcción lleva frecuentemente su fórmula reforzada:

⊙—Pero *anda que no* tiene miga *ni nada* la frase. (5HCM, 50)

⊙—*Pues no* me estás saliendo tú ancianita *ni nada* que digamos. (Mundo, 97)

La fórmula es tan familiar que puede reconocerse perfectamente si aparece sólo la primera parte, reforzada normalmente, dejando colgada toda la que sigue a la primera negación:

⊙—¡Claro, por Dios! ¡Las almendras! ¡*Anda y que no* son famosas! (Jarama, 141)

Una variante de esta conocida fórmula puede ser «sí que no... ni nada», que afirma primero y luego niega dos veces, reforzando así el énfasis expresivo; suele utilizarse con sentido irónico:

⊙—Hombre, *sí que no* sabe *ni nada* como para suspender; no creo que suspenda.

⊙—Lo que es el río, bueno es él para conocer a nadie, ni tener consideraciones con ninguno. *Sí que no* es falso.
(Jarama, 320)

4. OTROS PROCEDIMIENTOS

Incluiremos aquí otros variados recursos que no encajan en ninguno de los anteriores apartados que hemos tratado.

4.a. Los *procedimientos más sencillos* —tales como el *pleonasmo simple* (o repetición del adjetivo o adverbio) o no tan simple, el *uso de prefijos y sufijos* (cada vez más numerosos, por desgaste de los antiguos), la utilización irónica del adjetivo «menudo(a)» y el empleo, muy extendido de un tiempo a esta parte, de adjetivos adverbializados— no son, sin embargo, los más usados por el hablante medio en su comunicación oral. Claro que esto puede explicarse muy fácilmente, dada la gran variedad de recursos de que dispone para elegir. Cada hablante tiene seguramente sus favoritos, aunque disponga de todos en su caudal expresivo y todos le sean familiares e inmediatamente reconocibles al oído. Citaremos algunos ejemplos de estos que hemos llamado procedimientos más sencillos:

⊙—Como *guapa* es *guapa.*

⊙—No fue fácil: la abadesa estaba *sorda que sorda.*

(ATB, 107)

⊙—Se llamaba Luis el tipillo de La Puebla, que era *muy muy* guapet*ón.* (Mundo, 169)

⊙—De joven era muy buen mozo, guapet*ón* y zancud*ón*, y pisaba al bailar.

⊙—¡Qué loca estás!
—Chico, es que se le van a una los pies.
—¡Qué loc*aza*! —le repitió. (Jarama, 151)

⊙—Lo que sucedía era que Carlos, al ver cómo Esmeralda desenvolvía el parchís, se percató de que era *cierto y bien cierto* lo que siempre había temido. (Café, 21)

⊙—¡Pobre chica!
—Sí, ¡*menuda* lagarta! (L.C., 152)

⊙—Que aquí, el ser turistas aquí, ¿eh?, vamos, es que ser turista aquí... *Menuda* credencial, chico, *menuda.* (Mundo, 88)

⊙—¿Qué es? Dímelo, anda, lo que sea. *Valiente* bobada será.
(EV, 45)

⊙—Se portó el tío *descomunal,* eso no hay quien lo quite.

⊙—Pues esto es aburrido para uno que llega nuevo, pero ya sabes, pasa como en todas partes, en cuanto te ambientas, lo puedes pasar *estupendo.* (EV, 60)

⊙—Yo lo pasé *bárbaro,* desde luego. (EV, 244)

⊙—El que baila *fenómeno* es el de la derecha del todo.

⊙Etc.

La mayoría de los procedimientos que veremos a continuación son formalmente bastante sencillos también. Hemos establecido una clasificación considerando el modo que emplean para conseguir énfasis intensificador: si van directamente aplicados al adjetivo, si al sustantivo, o si aparecen diluidos en el significado global de la frase de que forman parte.

4.b. *Procedimientos directos,* de inmediata relación con el adjetivo que modifican (para ponderarlo o intensificarlo):

4.b.1. *De*+adjetivo/adverbio

⊙—Y menos mal que yo me arreglo en mi apartotelito, que lo tengo *de* mono, y sólo le falta una vista al mar.
(Francisco Umbral, citado en *Español Actual,* 29, pág. 32)

⊙—Debe ser carísima. Parece de revista, de esas que vienen con los postres pintados en colores. Es *de* bonita... no te lo puedes figurar. (EV, 174)

4.b.2. *Más*+adjetivo/adverbio

⊙—Y entra canturreando alto y mal una asturianada, y, en seguida; ¡traigo un hambre *más* negra! ¿Qué me ha hecho hoy mi mujercita para comer? (Mundo, 135)

⊙—Di, ¿qué se hace cuando se está un poco bebida?

—Esperar a que se te vaya enfriando.

—¿Y mientras?

—Pues nada, procura uno no dejarse ir la cabeza por donde el vino anda queriéndosela (...).

—¡Pero se está *más* bien!   (Jarama, 225)

⊙—Fíjese, qué bien lo de mi hermana; está *más* contenta...
(EV, 259)

Tanto un procedimiento como otro presentan una entonación especial en el discurso, de frase inacabada, como si algo de esa ponderación que significan quedara pendiente por decir. La puntuación que mejor expresaría esto sería la de puntos suspensivos, que aparece en algunos de los ejemplos, aun cuando muchas veces no media pausa entre este uso y lo que sigue. En ocasiones, la frase queda completada, continuando ese algo que la simple utilización de estos procedimientos parece dejar pendiente:

⊙—Y la cuadra, que en muchas ocasiones pienso ahora que no sé por qué la llamábamos así *de* vacía y desamparada como la teníamos. (PD, 25)

4.b.3. Un caso especial sería el de sustantivo+*más*+adjetivo/adverbio, cuando aparece el sustantivo sin artículo, con un sentido que podríamos llamar «genérico»:

⊙Dr.—¿Qué quieres decir?

P.P.—Ni más ni menos que lo que oye. O sea, el Abue, por conservar la moral, cualquier cosa. ¡*Hombre más inquieto!* Me gustaría que le conociese, oiga. (LG, 61)

Las expresiones de este tipo (del último ejemplo) parecen responder a la necesidad de destacar, mediante la ponderación atributiva, al hipotético sujeto (sustantivo) de todos los demás que comparten su misma condición:

⊙—Ya ves, qué raro. Y, sin embargo, a ti bien te quiere. *Dos hermanos más unidos...*

111

⊙—Y a la noche menuda juerga, oiga, le examinaba pero que no acertaba, el Buque, digo, que no era capaz de repetir las palabras por orden, *hombre más ignorante.* (LG, 247)

⊙—Y la Catalina con muchas zalemas que qué bien que hubiera llegado a tiempo, o sea, le engatusó. (...) Que el Buque, oiga, ni sospechar, que no vea *hombre más infeliz.* (LG, 216)

⊙—Que, para mí, que no se fiaba de él, o sea, se las temblaba. Y con razón, oiga, no vea *hombre más ignorante.* (LG, 243)

El mismo carácter destacador del conjunto presenta la construcción:

4.b.4. *De lo más* + adjetivo

⊙—La canción es *de lo más* bonita, pero no es para un festival de Eurovisión y no va a ganar.

La simple expresión admirativa se confunde (fusiona) con la ponderación cualitativa en recursos bien conocidos y de los más frecuentemente empleados con estos fines:

4.b.5. *Qué* + adjetivo/sustantivo

⊙—Pablo —dijo de pronto.
—Qué.
—Nada, que *qué* callados vamos. (EV, 256)

⊙—Su cara así, junto a la mía, era maravilloso ese roce convertido en costumbre, hay que ver con *qué* poco, ¿eh?, con *qué* poco se vive. (Mundo, 129)

⊙—¡*Qué* buena eres, hija! (L.C., 142)

⊙—¡*Qué* raro se hace ver un taxi de Madrid por estas latitudes; un trasto de esos en mitad del campo! (Jarama, 96)

⊙—Y ¡*qué* coche, Mario, de sueño, vamos! (5HCM, 81)

Normalmente se considera este recurso como una simple interjección. Aunque este concepto no eliminaría la alusión o al menos enfática descripción intensificadora de la cualidad, creemos que en algunos de nuestros ejemplos no podría considerarse interjección la expresión comenzada con *qué* (el primero y el segundo, especialmente).

4.b.6. *Tan* + adjetivo/adverbio

⊙Se echó a reír y le tembló la risa.
—Qué conversación *tan* increíble la que tenemos, ¿verdad?
(EV, 139)

⊙—No me vuelvo a dejar engañar nunca por la primera impresión. Me he llevado una sorpresa *tan* grande con él. Sabe de todo, lo cuenta todo *tan* bien, qué agradable es. Y sobre todo *tan* sencillo. (EV, 208)

⊙—Que me da coraje, fíjate, inclusive a estas alturas, haber sido *tan* sandia. (5HCM)

⊙—¿Tienes frío, Petrita?
—No, Julio; ¡estoy *tan* bien a tu lado! (L.C., 168)

4.b.7. *Bien* + adjetivo/adverbio

⊙—El se lo buscó; la conciencia *bien* tranquila la tengo.
(PD, 87)

⊙—Que el pobre Constantino será todo lo infeliz que quieras, pero es un chico *bien* raro, que creo que hace yoga o eso y duerme con la cabeza en el suelo. (5HCM, 137)

⊙—¡Buen elemento (tu amiga Montserrat)!
—¡*Bien* buena es! (L.C., 107)

⊙—Gente que son así (...). *Bien* buena gente que son, pobrecillos, lo mismo él que la mujer. (Jarama, 147)

⊙—Se huele bien allí, un poco a podrido, un poco a diablos, pero se huele bien.
—*Bien* mal, querrás decir. (Ciudad, 109)

⊙—Tú vienes *bien* morenita.
—Sí. (EV, 43)

⊙Dr.—¿Y por qué le decís la Salud (al río)?
P.P.—Es hembra, ya ve. Pero da un agua *bien* rica allí donde nace. (L.G., 39)

Otros recursos menos usados:

4.b.8. Adjetivo+adjetivo

Hay algunos adjetivos (puro, verdadero, todo, buen, ...) que se emplean para modificar otro adjetivo y que, de alguna manera, conllevan en su significación la alusión intensificadora que aportan a la expresión:

⊙—Sí, pues también está el señor Esnáider, por cierto. Ese también es muy amigo de echarse una partida. A lo mejor se anima también.
—¿Ah, sí? ¡Huy, ése! ¡*Buen* vicioso que es! (Jarama)

⊙—Es un *verdadero* pesimista ese amigo tuyo.

⊙—No hay más que ver que en el invierno te restriegas la cara con nieve y se te pone en seguida igual que una amapola, de *puro* colorada y abrasando. (Jarama)

(Con adverbialización del adjetivo.)

4.b.9. *Señor*+adjetivo/sustantivo

Es curioso este empleo del sustantivo «señor(a)» en función adjetiva y ponderativa. Es posible que este uso provenga del tiempo en que ser «señor» era poco menos que símbolo de un comportamiento respetable o de pertenecer a una escala de alto prestigio social, y que hoy que el sustantivo ha perdido ya este prestigio (aunque alguno conserva), se siga utilizando con este sentido.

⊙—Te divierte ver cómo te parto el suizo mientras tú pasas a limpio esa conferencia que te tragaste ayer, un *señor* rollo, y me dices que (...). (Mundo, 139)

4.b.10. *Pero (que)*+adjetivo; *pero que* como refuerzo ponderativo

⊙—Estábamos *pero que* lamentables, medio memas, patosas, bueno, qué le voy a contar. (Mundo, 167)

⊙—Lo que les pasa a estos poetas de ahora, ya lo sé yo, *pero que* muy bien. ¡Vaya si lo sé! (Café, 17)

⊙—Hombre, está *pero que* chalado, no digas.

⊙—No señor. Está usted *pero que* muy equivocado. (LG, 233)

4.b.11. *Lo que se dice (llama)*+adjetivo

Intensificación y ponderación.

⊙—Al Picao, esto de Picao no le sentaba *lo que se dice* ni así de bien. (Ciudad, 104)

⊙—Total, que, entre pitos y flautas, es que caías en la cama tronchadita, *lo que se dice* hecha migas. (Mundo, 95)

⊙—La Uruguaya es una hembra grande y bigotuda, *lo que se dice* un caballo, que por seis reales sería capaz de vender a su padre. (L.C., 151)

⊙—¿Dices que si era guapo? Pero *lo que se llama* guapo, de no podérselo creer, vamos, para comérselo estaba, de verdad.

4.c. *Procedimientos indirectos, de atribución a un sustantivo*

Ocurre en estos recursos aquello mismo que señalábamos en algunas locuciones: que soportan en ocasiones básicamente el significado de la cualidad que se aplica mentalmente al sustantivo al que aparecen ligados, y constituyen además índice intensificador o ponderador de esa cualidad no expresada.

4.c.1. Sustantivo abstracto o genérico precedido de adjetivo de identidad

⊙—Si es la *misma* bondad, el pobre.

Relacionada con esta forma está aquella que añade al sustantivo la «personificación», aludiendo a una cualidad especialmente esencializada o pródiga en un sujeto:

⊙—Es la maldad *personificada.*

4.c.2. Sustantivo precedido de artículo indefinido

⊙—Traía *una* chaqueta... ¡Madre mía!
—¿Por qué? ¿Cómo era?
—Así como de chica, jaspeada, *más* rara. (EV, 46)

⊙—No, no tengo retratos, los vendí (...), además, para lo que sirven, *una* pena desenterrada al mirarlos... Nada, nada de fotos, es mejor. (Mundo, 184)

⊙—Yo *un* miedo, hijo mío, no te quiero decir, aterrada.
(Jarama, 249)

A veces el artículo se combina con la preposición *de:*

⊙—Está *de un* tonto, el pobre, no hay quien lo aguante.

4.c.3. *Tal* + sustantivo

⊙—¿Qué tal lo has pasado? —le preguntó Julia.
(...)
—Nada. Ferias más sosas, en mi vida. Además, mujer, Toñuca, que es mi más amiga, me ha hecho *tales* faenas. Te lo digo, de no podérselo una creer. (EV, 119)

⊙—Ya en la Comisaría, le pegaron *tal* paliza que, según el Morales, las porras se descosieron por las costuras que tienen.
(Ciudad, 79)

4.c.4. Sustantivo + sustantivo

⊙—Si me la presentas, te doy una *noticia bomba.* (EV, 45)

⊙—*Ciudad monstruo, chica cañón...*

Normalmente, los campos semánticos relacionables en este tipo de ejemplos son limitados y fijos.

4.c.5. *Vaya*+sustantivo

⊙—Oye, *vaya* coche. ¿Es tuyo?

4.d. *Procedimientos indirectos que, aludiendo a una cualidad explícita o no en la oración, aparecen en ella desligados del término que modifican*

4.d.1. *Cómo*+frase verbal

⊙—Pero no, déjalo, si no me siento, ya me buscaré yo otra silla.
　—No, hija, no te molestes, si no hay sillas. Fíjate *cómo* está todo (=todo está lleno ya). (EV, 164)

⊙—Menos mal que yo me he gastado todos los monises en Benidorm, que, si no, *cómo* estaría de acongojada.

(Mundo, 100)

⊙—¡*Cómo* me gusta esto, Pablo! (L.C., 155)

⊙—¡El Santos, *cómo* le da! ¡Vaya un saque que tiene el sujeto!

(Jarama, 102)

⊙—Y ayer, ya le viste, de los primeros, y para hoy ha suspendido las clases y todo, que *cómo* se ha portado.

(5HCM, 135)

4.d.2. *Cuidado que*+frase verbal

⊙—Ya ve, yo he dicho lantejas hasta que fui a la mili... *Cuidado que* estábamos salvajes, ¿eh? (Mundo, 144)

⊙—¡*Cuidado que* lo veo yo eso mal! —dijo Miguel, señalando a las tapias—; se necesita tener mala sangre para discurrir semejante cosa. (Jarama, 78)

⊙—*Cuidado que* viene tiesa; parece que no sabe andar con los tacones.

⊙—¡*Cudiao, que* la hierba es verde, cudiao! ¿Por qué será verde, Pirula?
　—¡Y yo qué sé, niño, y yo qué sé!

117

—¡*Cudiao*, que las nubes son blancas, cudiao! ¿Por qué serán las nubes blancas, Pirula?

—¡Y yo qué sé, niño, y yo qué sé!

—¡*Cudiao, que* es largo el tren, cudiao! ¿Adónde irá ese tren, Pirula, adónde irá?

—¡Y yo qué sé, niño, y yo qué sé!

—¡*Cudiao, que* es largo, cudiao! (Ciudad, 140-41)

4.d.3. *Sí que* + frase verbal

⊙—Entonces *sí que* era guapa yo, ahora ya estoy vieja.

⊙—¡Si fuese mi tía Amparo (...)! ¡Esa *sí que* sabía de nueces. (Café, 36)

⊙—Y las medallas que había ganado en Abisinia, imagina, contra los negros, que esa *sí que* tuvo que ser una guerra horrible. (5HCM, 69)

⊙—¡Vaya tío! ¡Antes *sí que* había hombres! —dice Celestino en voz alta. (L.C., 194)

Como se habrá podido apreciar, tampoco los límites entre intensificación de la cualidad y mero énfasis expresivo de la globalidad están en absoluto claros. Los criterios de interpretación semántica, por el momento, no nos han servido para alcanzar el éxito en hallarlos. Y los criterios gramaticales son también insuficientes todavía en el análisis y crítica de estas y otras muchas cuestiones que son fruto de la espontaneidad propia del acto coloquial; y es que las funciones de los rasgos típicos de expresividad coloquiales sobrepasan los límites de la descripción formal y no arraigan diferenciadamente en los de la interpretación semántica. Esta es, repetimos, una de las grandes dificultades que plantea el estudio del lenguaje coloquial (español, en este caso).

EJERCICIOS

Los ejercicios están divididos en dos partes, que se corresponden con las 2.ª y 3.ª teóricas. Los distintos grupos están encabezados por el enunciado y la referencia. Es importante tener esto en cuenta, porque frecuentemente son más de uno los recursos que pueden alternar en una determinada frase sin que varíe sustancialmente su significado. Así, en la mayoría de los casos, los ejercicios remiten simplemente a los ejemplos de la parte teórica, donde se puede apreciar que la gama de opciones es rica para el hablante medio. El alumno puede elegir entre las distintas posibles soluciones. La respuesta seleccionada no siempre coincidirá con la del autor o la nuestra, pero será válida siempre que se atenga a la referencia teórica y no «traicione» el espíritu de la frase, de acuerdo con ella.

SEGUNDA PARTE

EXPRESIONES DE RELLENO

Para realizar los ejercicios, especialmente los de los apartados 1 *(Autorreafirmativas propias)* y 2 *(Estimulantes conversacionales)*, es importante que el alumno tenga en cuenta:

a) El tratamiento que aplica el hablante a su interlocutor. De él depende el uso de los pronombres personales. Así, por ejemplo, la frase «lo digo yo» puede convertirse en «*te* lo digo yo» (si el tratamiento es de tuteo) o en «*se* lo digo yo» (si es «de respeto»). Cuando uno u otro no vengan dados ya en el ejemplo, lo especificaremos en su lugar correspondiente.

b) La presencia o ausencia del pronombre sujeto, que es en algunos casos indiferente *(Cómo te diría, Cómo te diría yo)* y en otros de uso obligado en algún sentido *(Te lo digo,* suele usarse con significación anticipatoria; *Te lo digo yo,* con mayor énfasis autoafirmativo y uso anafórico del pronombre).

c) La colocación del pronombre sujeto, que puede aparecer en algunos casos libremente, antes o después del verbo, sin cambio en la significación *(Lo que digo yo, Lo que yo digo).* En estos casos se puede elegir la expresión que personalmente pa-

123

rezca más expresiva (o, incluso, que se ajuste mejor al ritmo de la frase).

d) Las variantes posibles: *No le voy a decir, No le voy a contar.*

e) El uso redundante de los pronombres: *Cómo diré yo* o *Cómo te lo diré yo; No te quiero contar* o *No te quiero contar a ti.*

f) Y, por fin, el contexto en que aparecen las distintas expresiones; esto, sobre todo, en las «interrogaciones retóricas», en las cuales sólo el contexto define su valor real.

1) Referencia: § 1.A.1. y 1.A.8.

Complete con una expresión autorreafirmativa los espacios punteados.

1. A ése no le importa nada que viajemos y viajemos, cá, no, señora, (usted) .... (ATB, 72)

2. Que me hace a mí muy poca gracia eso de llevar fiambres en la tartera. No me agrada un pimiento, (usted) .... (Jarama, 350)

3. —Tú sola, con esos pantalones, no irías muy lejos, ...
   —¿Ah, no? ¿Y por qué?
   —Pues porque a más de uno se le iba a antojar acompañarte. (Jarama, 20)

4. —Te gusta el fútbol, ¿eh?
   —Hombre, ... Mucho mucho no me gusta, no te creas.

5. No, en serio. (Tú) .... que es mejor un parto que este dolor de muelas nervioso.

2) Referencia: § 1.A.2.

Ponga una expresión autorreafirmativa donde corresponda.

1. Parece un niño normal, ... Aunque desde luego algunas rarezas sí que tiene.

2. Egoísmo puro, para que te enteres, que ya sé que un ca-
    tedrático de Instituto no es un millonario, ojalá, pero hay
    otras cosas, ..., que hoy en día nadie se conforma con
    un empleo. (5HCM, 34)

3. Tampoco es cosa ahora de que te calles definitivamente,
    vamos, ...

3) Referencia: § 1.A.3.

*Haga lo mismo en los siguientes ejemplos. El tiempo del verbo
está indicado entre paréntesis.*

1. Gritaba paseandillo de aquí para allá, y tentándose mucho
    la cabeza. Se veía en seguida que el talento estaba en ebu-
    llición, ... (Imperfecto subjuntivo). Qué tío. (ATB,
    130)

2. Una es muy complicada, desde luego, y como hombre, pue-
    de, una atracción, pero lo tuyo era otra cosa, ... (Infi-
    nitivo), físicamente eras del montón, ya lo sabes, pero te-
    nías algo. (5HCM, 47)

3. Las diversiones de Andrea eran un poco así, (tú) ....
    (Condic.), un poco extravagantes.

4. Los que me atendieron a mí no eran así, quiá, eran todos,
    (usted) .... (Futuro), así como..., como... ¡Ya! Como
    de La Bañeza, ¿me comprende? (ATB, 126)

4) Referencia: § 1.A.4. - 1.A.6.

*Complete con una expresión autorreafirmativa los espacios pun-
teados.*

1. Y vino el inglés y yo no sé qué diría. .... José que debió
    de ser muy fuerte y hacer bastante pupa.

2. Desde luego, la Universidad no les prueba a estos chicos, desengáñate, les meten muchas ideas raras allí, por mucho que digáis, que mamá, que en paz descanse, ponía el dedo en la llaga, «la instrucción, en el Colegio; la educación, en casa», que a mamá, ..., no se le iba ni una. (5HCM, 41)

3. Pues, como te decía, que el cátedro aquel se largó con un rollo que duró dos horas, ..., y al terminar lo aplaudieron y le pidieron autógrafos, para que veas. (Mundo, 28)

5) Referencia: § 1.A.7.

Idem en los siguientes ejemplos.

1. Claro que para ti hasta las mujeres de la vida merecen compasión, (...) me río yo, que los hombres puestos a disculpar resultáis imposibles, porque ...., ¿por qué no trabajan? ¿Por qué no se ponen a servir como Dios manda? (5HCM, 31)

2. Cincuenta años. Con cincuenta años, ustedes deben quedarse en casa. ...., quedarse en casa. Dónde van a ir. (Mundo, 17)

3. Que el mismo Antonio, cuando le hicieron director, aunque con mucha vaselina, ya te lo vino a decir, que a buen entendedor, que la bici sobra, pero tú erre que erre, que a ti no hay Antonios ni Antonias, ... (5HCM, 38)

6) Referencia: § 1.A.9. y 1.A.10.

Ponga una expresión autorreafirmativa donde corresponda, según la referencia.

1. Ahora tengo el pelo blanco, pero fui la primera en mi barrio que lo llevó a lo garsón, y... Bueno, (usted) .... la que se armó en casa cuando me lo corté. (ATB, 188)

2. Nadie sabe de lo que es capaz una mujer en esa situación. Ea, que no veas la que se prepara. Dios te coja confesado, Natalio, ... (ATB, 226)

3. Una fuga de vergüenza. La retirada de Napoleón el Grande en Rusia, (usted) ...., no tuvo tal cerote. (Mundo, 47)

7) Referencia: § 1.B.1.

Clasifíquense en a), b) *o* c) *las interrogaciones retóricas de los siguientes ejemplos, según predomine en ellas una u otra de las funciones explicadas en la parte teórica de referencia.*

1. Mira, Mari Tere, *¿sabes lo que te digo?,* que así no vamos a ningún lado. (L.C., 72)

2. Pues que como le iba diciendo a usted, y usted perdone la digresión, pero es que a mí, *¿sabe?,* a mí me encanta la exactitud, y cuando hay que contar un suceso como el de marras... (ATB, 81)

3. Ya, si por eso, si por eso me estuve contuviendo todo el tiempo que pude. (...) Pero lo que no puede ser no puede y llega un día que las cosas acaban saliéndose a flote quieras que no. *¿Qué va usted a hacerle?* (Jarama, 269)

4. Oye, monina, recochineítos no, que sales perdiendo, *¿estamos, guapa?* (ATB, 194)

5. Pues luego me alegré cuando supe lo del manicomio. Siempre es mejor tenerlo cerca, *¿no te parece?,* por si acaso, que de tanto ir de acá para allá y unos y otros (...). (EV, 79)

6. ¡Pégueme si quiere; no me importa! No tengo dinero, *¿se entera?* ¡No tengo dinero! ¡No es ninguna deshonra! (L.C., 77)

8) Referencia: § 1.B.2.a.

Complete las frases con uno de los que llamamos «imperativos intelectuales».

1. El viajar ilustra mucho, da cultura y se aprende la mar. .... usted, la otra noche le dije a la Paca, mi señora, que también es muy instruida (...). (ATB, 103)

2. Pero Gabriel no retiraba la mano ni por cuanto hay, que a mí me daba rabia sentir que me iba poniendo colorada, (tú) ...., y cuando dijo mirándome la poitrine con todo descaro, (...). (5HCM, 45)

3. Ahí tienes un tema que llega, Mario, que el amor está al alcance de todos (...) ¡Si me hubieras hecho caso! La historia de Maximino Conde, ..., un hombre maduro, casado en segundas con la madre y enamorado de la hija es un argumento de película. (5HCM, 36)

9) Referencia: § 1.B.2.b.

Complete las frases con una de las expresiones con el verbo «decir» que aparecen en el punto de referencia.

1. Pues he estado buena, con décimas, y con fatiga, que no pude dar golpe, unas jaquecas, unos mareos, sin poder ir a la sauna, ni al golf, que me gusta tanto, y muchas veces me he perdido los estrenos de la Gran Vía, hija, esto no es vida, ... (Mundo, 27)

2. Malparió la dueña, que vio el accidente y se asustó mucho, a ver, (usted) ...., un auto subiéndose a la acera, eso era muy grave entonces. (ATB, 203)

3. Y ya sé que Antonio no es santo de tu devoción, por lo del expediente, a ver, (no) ...., eso está claro, pero di tú qué podía hacer él. (5HCM, 42)

4. Pobrecita, fíjate, sin poder salir, ni ir a la piscina, y de aperitivos, ya te supondrás, ni tanto así, porque, a ver, con la tripita así, a ver, ... dónde iba a ir. (ATB, 96)

10)   Referencia: § 1.C.

Utilice una expresión «autorreafirmativa encubierta» donde corresponda.

1. La juventud tiene sus apetencias, ... A eso no se le puede tampoco llamar tiro. Lo golfo es otra cosa, y bien distinta.

2. Y los amigos, ... la pobre mamá, que en paz descanse, pueden valer más que una carrera, y tiene más razón que un santo, Mario, a las pruebas me remito, tú me dirás. (5HCM, 43)

3. Ya intervendrá dentro de un rato en la conversación, es muy cordial y afectuoso. .... las españolas, un sol. Yo no sé muy bien cómo puede ser un sol un chihuahua, pero lo dicen. (ATB, 33)

4. La ropa te traía sin cuidado, el coche no digamos, las fiestas otro tanto, la guerra, que fue una Cruzada, que (todo el mundo) ...., te parecía una tragedia, total que como no hablábamos del dinero astuto o de las estructuras y esas historias, tú a callar. (5HCM, 49)

11)   Referencia: § 2.A. y 2.B.

Emplee una forma de «imperativo sensorial» o de «imperativo conceptual», según convenga.

1. —¿Tú no podías haberme encontrado una bici un poco peor?
   —Hijo mío, la primera que me dieron. ¿Querías quedarte a patita?

130

—Ven..., nosotros nos montamos, que no hay razón para ir a pie. (Jarama, 20)

2. Pues ya no le conocía, (tú) ...., la de veces que yo he estado allí, y ya ni conocerle.

3. —¿Te lo compro o no te lo compro mañana?, di.
—........., déjame en paz de una vez, haz lo que quieras.

4. Le preguntó de qué los conocía.
—¿Yo? De nada. De que me han dado lumbre. Igual se vienen con nosotras, si nos quedamos aquí. Parecen simpáticos.
—........., ¿pero no querías ir al tocador?
—Que no, mujer, qué va. Era un pretexto para salir de ahí dentro. (EV, 66)

12) Referencia: § 2.C. (y, secundariamente, 1.B.1.)

Complete el párrafo siguiente con interrogaciones retóricas que, preguntando acerca de algo ya anteriormente expresado o de algo que surge como nuevo en la comunicación, cumplan la finalidad de introducir la expresión en el contexto global del mensaje, facilitando el hilo discursivo del hablante.

1. Lo más divertido fue cuando estuvimos en Barcelona, *(a)* .... Yo me acuerdo perfectamente, en la excursión de sexto. *(b)* .... Pues no lo sé, siempre me lo he preguntado cómo pudo resultar tan bien aquello, después de las trifulcas que armábamos en clase... *(c)* .... Sí, hombre, aquella chica tan flaca, castaña, que tenía aire así a lo Bergman. *(d)* .... A mí me gustaba mucho por entonces. *(e)* ...., creo que desde entonces no he vuelto a enamorarme. *(f)* .... *(g)* .... A mi edad.

13) Referencia: § 2.D.

Utilice una oración interrogativa indirecta en los espacios correspondientes, del tipo de las que aparecen en el punto de referencia (téngase en cuenta si predomina un matiz significativo de negación y ponderación o no).

1. Y de Manolo, (tú) (contar) ...., pues como siempre, ahora con su tesis a vueltas sigue.

2. —Qué horrorosa es esa lámpara; fíjate, parece un irrigador. Ventura no encontraba una semejanza muy precisa.
   —No, mujer, ... Anda, no seas gansa, siéntate aquí a mi lado. (L.C., 128)

3. Pero yo, hija, (tú) (querer) ...., no tengo escarmiento, siempre reincido con tu hermano.

4. Yo he trabajado desde que tenía trece años los veranos, pues (tú) (creer) ...., y no me he muerto, se puede ver.

14) Referencia: § 3.A.1. - 3.A.3.

Invente un texto, dialogado o no, y emplee en él, por lo menos una vez, cada uno de los enlaces coloquiales tratados en los tres puntos de referencia.

15) Referencia: § 3.A.1. - 3.A.3.

Emplee uno de los siguientes enlaces coloquiales: «Que», «Pues», «Pero», «Conque», «Y», «Si», en cada uno de los espacios punteados.

1. —¿Pues no sabéis que hemos tenido hasta una peripecia?
   —¿Qué os ha pasado?
   —Los civiles, que nos pararon ahí detrás; .... por lo visto no puede una circular como le da la gana. .... me

pusiera algo por los hombros, el par de mamarrachos. (Jarama, 199)

2. —Niñas de las narices. Para su padre. Las que están de miedo este año son las casadas. ¿Te has fijado, Ernesto?

—Venga, si empezáis así... —insistió el militar.

—......... vete tú, ¿para qué te hacemos falta?. (EV, 100)

3. —Venga, no empieces con planes, ya irás luego.

—Que no, hombre, que me están esperando a la puerta del cine, no les voy a hacer esa faena. .... es un minuto. Les digo que has venido y ya. (EV, 86)

4. —¿No será que ahora te entran celos de la Mely, también?

Ella cogía la cabeza de Santos por las sienes y se la sacudía a un lado y a otro, le murmuraba contra el pelo:

—Siempre piensas que tengo celos de todo el mundo; ¿pues .... quién te has creído tú que eres?, bobo. (Jarama, 133)

5. Se volvía de nuevo hacia Mely, sonriendo:

—Continúa.

—Bueno, ... con eso ya se hicieron en seguida las diez y media de la noche, que serían, y se presenta mi padre, riiín, el timbrazo; yo un miedo, hijo mío, no te quiero contar, aterrada. Salgo a abrirle, ni mu, una cara más seria que un picaporte, yo ya te puedes figurar. .... ya nos sentamos todos a la mesa; aquí mi padre, la abuela ahí enfrente (...). (Jarama, 249)

16) Referencia: § 3.A.1. y 3.A.2.

Escriba una frase (o un pequeño texto) en que el enlace coloquial «que» esté referido a un verbo «dicendi» lejano. Otra con el mismo enlace reforzando una afirmación. Y otra con el enlace coloquial «pues» acompañando a una negación.

17) Referencia: § 3.B.1. - 3.B.5.

Emplee «Nada», «Total», «En fin», «Hombre» o «Bueno», según convenga.

1. —Está todo muy bonito, Filo.
   —Limpio...
   —¡Ya lo creo!
   Martín pasea su vista con curiosidad por la cocina, como si no la conociera. Después se levanta y coge su sombrero. La colilla la apagó en la pila de fregar y la tiró después, con mucho cuidado, en la lata de la basura.
   —........., Filo; muchas gracias, me voy ya. (L.C., 71)

2. Siempre Panchito arriba, Panchito abajo, que si le va a salir un diente, que cuándo va a ir al colegio, que si patatín que si patatán, y ahora... ...., porque llora un poquillo hay que ver la que arman ustedes. (ATB, 92)

3. —Pero de qué son esos sueños, vamos a ver. Anoche, por ejemplo, ¿qué soñabas?
   —........., acordándome de mi novio, sobre todo de esa vez que fui a verle a Santander a su pensión, (...). (EV, 83)

4. —¿Nos vamos?
   —Bueno, como quieras. Aquí ya no tenemos nada que hacer.
   —........., la verdad es que yo tampoco tengo nada que hacer en ningún otro lado. (L.C., 105)

18) Referencia: § 4.

Subraye todas las fórmulas inespecificativas (de algo, o que terminen enumeración).

1. Y aproveché para decirle lo de tu padre, Mario, lo de prestamista y eso, que no te debe molestar, creo yo, porque entre madre e hija ya se sabe. (5HCM, 48)

134

2. Y nosotros: «Pasábamos por aquí por casualidad y hemos dicho: hay que ir a ver a estos buenos amigos. Si hubiéramos sabido que Paquita tenía hoy jaqueca...» Y así así, y dale que te pego, y que si fue y que si vino. (ATB, 182)

3. La *Serenata* de Schubert, la de la falda de céfiro y tal... ¿Qué le parece? Ahora torturan con villancicos. Pero todo modernizado, muy in y tal. ¿Se figura?

4. Tú mucho con que si la tesis y el impacto y todas esas historias, pero ¿quieres decirme con qué se come eso? A la gente le importan un comino las tesis y los impactos, créeme, que a ti, querido (...). (5HCM, 35)

5. —¿Tuvieron algunas cuestiones por causa del dinero?
—No. Qué va. (...)
—¿Pues entonces?
—La posición que ocupaba yo allí. O sea, que no me daba la gana a mí de aguantarle más tiempo comodidades que tenía y demás. Vas a la parte con alguien, pues no lo tengas como si fuera un criado. (Jarama, 268)

6. Claro que en casa era distinto, otro plan, sobre todo antes de lo de Julia con Galli Constantino. Pero a ti siempre te trajo sin cuidado que mi familia fuese así o asá, Mario, seamos francos, que yo estaba enseñada a otra clase de vida, que a veces pienso en la cara que pondría la pobre mamá si levantara la cabeza y mejor muerta, como te lo digo. (5HCM, 37)

TERCERA PARTE

INTENSIFICACION DE LA CUALIDAD

1) Referencia: § 1.1.a.

Utilice alguna construcción pleonástica con la partícula «Si», sin repetir ninguna, en los espacios punteados de los siguientes ejemplos.

1. Era una canción preciosa, ..., tan triste, tan sentimental. (ATB, 187)

2. Que colabora en las páginas gráficas de ABC yo creo que desde que se fundó, hace muchísimo, y en otra cosa puede que no, pero en eso de escribir, sabe la tecla que toca, ¡.........! (5HCM, 35)

3. Pues yo entonces era bastante tacaña, ..., pero ahora que las cosas han cambiado...

4. Pues sentarte te sienta, ..., pero que muy bien.

2) Referencia: § 2.A.1.

Utilice una locución adjetiva comenzada por «Que».

1. Lo peor en este momento es la trompeta, que ya va estando vieja, pero que hemos podido sustituir por un magnetófono de propaganda, y las dos mulas, que tienen unos torozones .... Ahora nos han obligado a revisar su salud periódicamente, para que no hagamos con ellas lo que con... (ATB, 158)

2. Mamá era una verdadera señora, Mario, tú la conociste y, antes, ¡para qué te voy a decir!, que me gustaría que la hubieras visto recibir antes de la guerra, qué fiestas, qué trajes, un empaque .... cosa igual, no hay más que ver cómo murió. (5HCM, 48)

3. Era un millonario de los de película, con un coche .... y un yate ...., no se lo saltaba un galgo.

3) Referencia: § 2.A.2.a. - 2.A.2.d.

Complete con una locución comenzada por la preposición «de», del tipo que se indique.

1. *De*+frase preposicional.
   Rabelais es un loro ...., un loro procaz y sin principios, un loro descastado y del que no hay quien haga carrera. (L.C., 131)

2. *De*+frase nominal.
   Las manzanas son .... Y los precios también.

3. *De*+frase de infinitivo.
   Un coche, chico, ..., te lo juro.

4. *De*+verbo conjugado.
   Anda, que la regañina que te espera esta noche es .... ¿Qué horas son éstas, niño?

4) Referencia: § 2.A.3.

Subraye las metáforas y las comparaciones populares intensificativas.

1. ¡Y qué vasazo de agua me voy a meter ahora mismo! Como una catedral. (Jarama, 21)

2. —Oye, Petrita, ¿sabes que el hermano de tu señorita se ha vuelto de lo más flamenco?
   —Déjelo usted, señor Celestino, que el pobre lo que está es pasando las de Caín. ¿Le dejó algo a deber?
   —Pues sí, veintidós pesetas.

3. Chicos, aquí hay que divertirse —les decía—. Se va la tarde como agua, y hay que enredar un poco. No tenemos más alternativa, hijos míos, está bien visto. Conque venga ese vino, ya le estáis dando para acá. (Jarama, 134)

4. Es una escandalosa. Y una repipi como la copa un pino. No la aguanto, palabra. (Jarama, 52)

5. Esta mujer tuya es un sol, y además muy inteligente. Desde luego vale un imperio.

5) Referencia: § 2.B.1. - 2.B.4.

Utilice «La mar (de)», «Con ganas», «A rabiar», «Una barbaridad» o «Una burrada», «Un rato», según convenga, en los siguientes ejemplos:

1. —Mucho gusto.
   —Creo que eres .... lista tú.
   —¿Por qué?
   —Ah, yo no sé. La fama de lo bueno llega a todas partes. Eso pregúntaselo a Gertru. (EV, 65)

2. Se miraban en torno circunspectos, recelosos del agua ennegrecida. Llegaba el ruido de la gente cercana y la música.

—No está nada fría, ¿verdad?

—Está .... (de) apetitosa. (Jarama, 271)

3. Que es así un poco rarillo, pero luego es .... de gracioso.

4. Estaba enfadada .... y no quiso saber nada de nosotros.

6) Referencia: § 2.B.5.

En los siguientes ejemplos, utilice una locución que incluya lo realzado en el conjunto total a que pertenece.

1. Bueno es muy bueno el pobre. Y honrado .... Ese defecto nunca lo ha tenido.

2. Lo que tiene te lo voy a decir; que es un espabilado .... y os tiene encandilados a todos, y a ti el primero.

7) Referencia: § 3.1. - 3.4.

Subraye en los siguientes ejemplos la fórmula tipo que determina la perífrasis oracional realzadora de la cualidad.

1. Conque ya nos sentamos todos a la mesa; aquí mi padre, la abuela ahí enfrente, mi tía al otro extremo, tal como ahí, y mi hermano así a este lado, a mi izquierda, no veas tú cada rodillazo que yo le pegaba por debajo del hule; chico, los nervios, que ya no podía contenerme los nervios, te doy mi palabra. (Jarama, 249)

2. Siempre cuando alguien se muere: Con lo bueno que era, con lo bien que se llevaba con todos, con lo que todo el mundo...

3. Aunque yo, por mucho que digáis, lo pasé bien en la guerra, oye, no sé si seré demasiado ligera o qué, pero pasé unos

años estupendos (...). Ni los bombardeos me importaban, ya ves, ni me daban miedo ni nada, que las había que chillaban como locas cada vez que sonaban las sirenas. (5HCM, 49)

4. Siempre te estás cayendo, vaya pato que estás hecho.

8) Referencia: § 4.A.

Realce la cualidad explícita en los siguientes ejemplos por el procedimiento que se indique.

1. Parece *listo* (pleonasmo simple).

2. Volvió *refinado* de casa de sus tíos (prefijos).

3. Estás tan *elegante* como siempre (sufijo).

4. Su *bondad* no era auténtica (adjetivo *menudo*).

5. No me perdí. Lo encontré todo *muy bien* (adjetivo adverbializado).

9) Referencia: § 4.B.

Reálcese la cualidad sustituyendo el adverbio «muy» por el procedimiento que se indique, y háganse modificaciones en la frase si es necesario.

1. Es *muy* santa (adjetivo+adjetivo).

2. Se queja porque tiene que escribir para lectores *muy* viejos... Y eso es verdad que no anima a nadie (*tan*+adjetivo).

3. No está mala, no. Está *muy* buena, para hacer cinco días que se ha operado (*bien*+adjetivo).

4. Eso me parece a mí *muy* mal, una porquería (*pero que* ponderativo).

5. —Mira, ¿qué te parece?
   —Uy, *muy* feo. Y *muy* lóbrego. No me gusta nada (*que*+adjetivo).
6. Y se presentó allí *muy* cuca, impresionando a todos (*de*+adjetivo).
7. Y después de todo aquel jaleo aquello quedó *muy* estropeado, destrozado (*lo que se dice (llama)*+adjetivo).

10) Referencia: § 4.C.1. - 4.C.5.

Transfórmese, por los procedimientos intensificadores de tipo indirecto (aplicados al sustantivo marcado) que se indican, la siguiente frase: «También, llevaba un "peinado" muy extravagante. Yo creo que de todos modos hubiera llamado la atención.»

1. *Tal*+sustantivo.
2. *Un*+sustantivo.
3. *Vaya*+sustantivo.

11) Referencia: § 4.D.

Sustitúyase la intensificación de la cualidad que aparece en los ejemplos por el procedimiento que se propone entre paréntesis.

1. Uf, *este ambiente está muy cargado*. Pasa tú delante (*cómo*+frase verbal).
2. Y José, se adapta *de maravilla*. A todo, de verdad (*cómo*+frase verbal).
3. *Eres muy meticón y muy celoso*. Ya me estoy cansando (*cuidado que*+frase verbal).
4. Mari Juani *tiene muy buen tipo* para la minifalda (*sí que*+frase verbal).

SOLUCIONES A LOS EJERCICIOS

SEGUNDA PARTE

EXPRESIONES DE RELLENO

1) 1. Se lo digo yo.—2. Se lo digo yo a usted.—3. Te lo digo.—
4. Te diré.—5. Te digo que.

2) 1. Digo yo.—2. Creo yo.—3. Me parece a mí

3) 1. Como si dijéramos.—2. No sé cómo explicarte.—3. Cómo te
diría.—4. Cómo le diré yo.

4) 1. Como me llamo José.—2. No es porque yo lo diga.—3. Como
te lo digo.

5) 1. Lo que digo yo.—2. La que yo digo.—3. No le digo más.

6) 1. No le voy a contar.—2. No te digo más.—3. No le digo más.

7) 1. b.—2. b.—3. a.— 4. c.—5. a.—6. c.

8) 1. Fíjese.—2. Date cuenta.—3. Imagínate.

9) 1. No me digas.—2. Usted me dirá.—3. No me digas que no.—
4. Dime tú.

10) 1. Ya se sabe.—2. Ya lo decía la pobre mamá.—3. Como dicen
las españolas.—4. Que todo el mundo lo dice.

11) 1. Venga.—2. Figúrate tú.—3. Mira.—4. Oye.

12) 1. ¿Te acuerdas?—2. ¿Cómo pudo resultar tan bien?—3. ¿Te acuerdas de Conchi?—4. ¿Qué te parecía?—5. ¿Sabes?—6. ¿Eh?—7. ¿Qué te parece?

13) 1. Qué te voy a contar.—2. Qué va a parecer un irrigador.—3. Qué quieres.—4. Qué te has creído tú.

15) 1. Que... Que.—2. Pero.—3. Si.—4. Y.—5. Conque, conque.

17) 1. Bueno.—2. Total.—3. Nada.—4. Hombre.

18) 1. Y eso.—2. Y así así... y que si vino.—3. Y tal. Y tal.—4. Y todas esas historias.—5. Y demás.—6. Así o asá.

TERCERA PARTE

INTENSIFICACION DE LA CUALIDAD

1) 1. Vaya que si lo era.—2. Vaya si sabe.—3. Vamos que si era.—
4. Hombre que te sientan.

2) 1. Que para qué.—2. Que no veas.—3. Que para qué. Que ya ya.

3) 1. De mucho cuidado.—2. De lo mejorcito.—3. De quedarse loco.—
4. De aquí te espero.

4) 1. Como una catedral.—2. Las de Caín.—3. Como agua.—
4. Como la copa (de) un pino.—5. Un sol. Un imperio.

5) 1. Un rato.—2. La mar de.—3. Una barbaridad.—4. Con ganas.

6) 1. Donde los haya.—2. Si los hay.

7) 1. Cada + sustantivo.—2. Lo + adjetivo.—3. No + frase verbal + ni
nada.—4. Vaya + sustantivo.

8) 1. Listo listo.—2. Requeterrefinado.—3. Elegantón(ona).—4. Menuda bondad la suya.—5. Estupendo.

9) 1. Una verdadera santa.—2. Tan viejos.—3. Bien buena.—4. Pero
que (muy) mal.—5. Qué feo. Qué lóbrego.

10) 1. Llevaba tal peinado... Yo creo, etc.—2. Llevaba un peinado... Yo creo, etc.—3. También, vaya peinado (que llevaba). Yo creo, etc.

11) 1. Cómo está esto.—2. Cómo se adapta.—3. Cuidado que eres meticón y celoso.—4. Sí que tiene un buen tipo.

BIBLIOGRAFIA

OBRAS CITADAS EN LOS EJEMPLOS

CANDEL, Francisco:
— *Donde la ciudad cambia su nombre.*
Círculo de lectores. Barcelona, 1971.

CELA, Camilo José:
— *La colmena.*
Edics. Alfaguara. Madrid-Barcelona, 1971.
— *Café de artistas y otros cuentos.*
Bib. Básica Salvat, 6. Madrid, 1969.
— *La familia de Pascual Duarte.*
Alianza (Bib. General Salvat). Estella (Navarra), 1971.

DELIBES, Miguel:
— *Cinco horas con Mario.*
Salvat. Estella (Navarra), 1971.
— *Las guerras de nuestros antepasados.*
Edics. Destino. Madrid, 1975.

MARTÍN GAITE, Carmen:
— *Entre visillos.*
Destino. Barcelona, 1975.

SÁNCHEZ FERLOSIO, Rafael:
— *El Jarama* (9.ª ed.).
Destino. Barcelona, 1969.

ZAMORA VICENTE, Alonso:

— *A traque barraque.*
Alfaguara, Madrid, 1972.

— *El mundo puede ser nuestro.*
Edics. del Centro. Madrid, 1976.

OBRAS BASICAS DE CONSULTA

BEINHAUER, Werner:

— *El español coloquial.*
Gredos (2.ª ed. corregida, aumentada y actualizada). Madrid, 1973.

— «Dos tendencias antagónicas en el lenguaje coloquial español (expresiones retardatarias, comodines, muletillas y expletivos)», en revista *Español Actual*, 1965, núm. 6, pág. 1.

CARNICER, Ramón:

— *Sobre el lenguaje de hoy.*
Edit. Prensa Española. Madrid, 1969.

— *Nuevas reflexiones sobre el lenguaje.*
Prensa Española. Madrid, 1972.

— *Tradición y evolución en el lenguaje actual.*
Prensa Española. Madrid, 1977.

CRIADO DE VAL, Manuel:

— «El interlocutor dentro del coloquio», en revista *Yelmo,* 1971, 2, pág. 5.

— «Transcripciones coloquiales», en revista *Yelmo,* desde número 16/1974 en adelante.

— «Metodología para un estudio del coloquio», en *Gramática española.*
SAETA. Madrid, 1958, págs. 211-24.

FENTE G., R.; FERNÁNDEZ A., J., y G. FEIJÓO, L.:

— *Perífrasis verbales.*
SGEL (PBE), Madrid, 1972.

GARCÍA DE DIEGO, Vicente:
— «La afectividad en el lenguaje», en *Lecciones de lingüística española.*
Gredos. Madrid, 1951.

LAPESA, Rafael:
— «Tendencias y problemas actuales de la lengua española», en *Comunicación y lenguaje* (colectivo).
Karpos. Madrid, 1977.

LÁZARO CARRETER, Fernando:
— *Diccionario de términos filológicos* (3.ª ed. corregida).
Gredos. Madrid, 1977.

LORENZO, Emilio:
— *El español de hoy, lengua en ebullición* (2.ª ed. actualizada y aumentada).
Gredos. Madrid, 1971.
— «Consideraciones sobre la lengua coloquial (constantes y variables)», en *Comunicación y lenguaje* (colectivo).
Karpos, Madrid, 1977.

MOLINER, M.ª:
— *Diccionario de uso del español.*
Gredos. Madrid, 1975.

POLO, José:
— «El español familiar y zonas afines (ensayo bibliográfico)».
Fascículos publicados en *Yelmo,* núms. 1 al 28.

SECO, Manuel:
— «La lengua coloquial: 'Entre visillos', de Carmen Martín Gaite», en *El comentario de textos* (2) (colectivo).
Castalia. Madrid, 1974.

STEEL, Brian:
— *A Manual of Colloquial Spanish.*
SGEL. Madrid, 1976.

VARIOS:
— *Lecturas de sociolingüística.*
EDAF Universitaria. Madrid, 1977.

YNDURÁIN, Francisco:
— «Sobre el lenguaje coloquial», en *Español Actual,* 1964, 3.
— «Más sobre lenguaje coloquial», en *Español Actual,* 1965, 6.

OTRAS

ALONSO, Amado:
— *Estudios lingüísticos. Temas españoles.*
Gredos, Madrid, 1951.

ALONSO, Martín:
— *Evolución sintáctica del español.*
Aguilar. Madrid, 1962.

GONZÁLEZ OLLÉ, Francisco:
— *Textos para el estudio del español coloquial.*
Universidad de Navarra. Pamplona, 1972.

LORENZO, Emilio:
— «Alonso Zamora Vicente: 'Uno es generoso'», en *El comentario de textos* (2).
Castalia. Madrid, 1974.

NÁÑEZ, Emilio:
— *La lengua que hablamos. Creación y sistema.*
Santander, 1973.

SECO, Manuel:
— *Arniches y el habla de Madrid.*
Alfaguara. Barcelona, 1970.

SPITZER, Leo:
— «Notas sintáctico-estilísticas a propósito del español *que*».
RFH, año IV, 12, págs. 105-26.

SUÁREZ SOLÍS, Sara:
— *El léxico de Camilo José Cela.*
Alfaguara. Madrid, 1969.

INDICE

Págs.

PRÓLOGO   5

PRIMERA PARTE

1. *Algunas consideraciones sobre el lenguaje*   9
2. *Breve revisión terminológica*   10
3. *Breve caracterización del lenguaje coloquial español.*   15
   Sintaxis   19
   Morfología   25
   Léxico, Semántica y Estilística   26
4. *Limitaciones al estudio del español coloquial*   29

SEGUNDA PARTE

Nota preliminar   37

EXPRESIONES DE RELLENO   39

1. *Expresiones de relleno cuya finalidad es esencialmen-*
   te autoafirmativa (del hablante)   45

Págs.

2. *Estimulantes conversacionales*   60

3. *Soportes conversacionales*   66

4. *Fórmulas inespecificativas que completan el sentido de un enunciado o de una enumeración*   78

TERCERA PARTE

INTENSIFICACIÓN DE LA CUALIDAD   85

1. *Construcciones pleonásticas introducidas por fórmulas estereotipadas*   88

2. *Locuciones*   94

3. *Perífrasis oracional*   105

4. *Otros procedimientos*   109

EJERCICIOS   119

SOLUCIONES A LOS EJERCICIOS   143

BIBLIOGRAFÍA   149

OBRAS DE LINGÜISTICA Y METODOLOGIA

METODOLOGIA DEL ESPAÑOL

Estructuras sintácticas del español actual. M.ª Luz Gutiérrez Araus. 368 págs.

Metodología y gramática generativa. F. Abad, I. Bosque, V. Demonte, A. Manteca, M. A. Quintanilla, M. L. Rivero, V. Sánchez de Zavala, S. Varela. 200 págs.

La enseñanza del español a extranjeros. Cuatro esbozos. José Polo. 192 págs.

El español como lengua extranjera, enseñanza de idiomas y traducción. Tres calas bibliográficas. José Polo. 284 págs.

A Manual of Colloquial Spanish. Brian Steel. 248 págs.

Translation from Spanish: an Introductory Course. Brian Steel. 328 págs.

«Gramática general y razonada» de Port-Royal. Ramón Morillo-Velarde Pérez. 200 págs.

Estructura general del coloquio. M. Criado de Val.

El español y otras lenguas. E. Lorenzo Criado.

LINGÜISTICA COMPARADA

Estilística del verbo en inglés y en español. Rafael Fente. 228 págs.

Metodología de los verbos compuestos ingleses. Luis Quereda. 280 págs.

La expresión de ruego y mandato en la lengua inglesa. Pedro J. Marcos. 280 págs.

La modificación prenominal en inglés. Modificadores prenominales múltiples y sus correspondencias españolas. Enrique Wulff Alonso. 296 págs.

Evolución histórica de los verbos compuestos ingleses. F. Santisteban Olmedo. 376 págs.

PROBLEMAS BASICOS DEL ESPAÑOL

El artículo. Francisco Abad. 116 págs.

Ser y estar. Juan de D. Luque.

Perífrasis verbales. Fente, Fernández, Feijoo. 144 págs.

El subjuntivo. Fente, Fernández, Feijoo. 152 págs.

Usos de «se». J. A. Molina Redondo. 144 págs.

Las preposiciones. Juan de D. Luque. 2 vols. 184+176 págs.

Aspectos del español hablado. Aportaciones al estudio del español coloquial. Ana M.ª Vigara Tauste. 156 págs.